信息技术在铜鼓文化保护中的应用

黄　帆◎著

中国铁道出版社有限公司
CHINA RAILWAY PUBLISHING HOUSE CO., LTD.

内 容 简 介

本书以数字化技术为指导，以大数据、人工智能、虚拟现实技术为手段，以铜鼓文化动态保护与活态传承为目的，深入探究了通过先进的技术手段对铜鼓文化的保护、传承与发扬。全书共分五章，着重分析了大数据技术、人工智能技术、虚拟现实技术，以及信息技术在铜鼓文化动态保护与活态传承中的应用等内容。本书结构严谨、内容丰富、理论与实践并重、可读性强，具有较高的学术价值。

本书适合指导铜鼓爱好者利用现代科学技术研究、传承铜鼓文化，也可作为铜鼓研究爱好者和博物馆信息技术人员的参考用书。

图书在版编目（CIP）数据

信息技术在铜鼓文化保护中的应用 / 黄帆著 .—北京：中国铁道出版社有限公司，2023.4

ISBN 978-7-113-29901-9

Ⅰ.①信… Ⅱ.①黄… Ⅲ.①信息技术 - 应用 - 铜鼓 - 文化研究 - 中国 Ⅳ.① K875.54-39

中国版本图书馆 CIP 数据核字（2022）第 254164 号

书　　名：信息技术在铜鼓文化保护中的应用

作　　者：黄　帆

策　　划：张　彤　　　　**编辑部电话**：（010）51873090

责任编辑：张　彤　彭立辉

封面设计：刘　莎

责任校对：安海燕

责任印制：樊启鹏

出版发行：中国铁道出版社有限公司（100054, 北京市西城区右安门西街 8 号）

网　　址：http://www.tdpress.com/51eds/

印　　刷：北京铭成印刷有限公司

版　　次：2023 年 4 月第 1 版　2023 年 4 月第 1 次印刷

开　　本：710 mm × 1 000 mm 1/16　印张：8.75　字数：184 千

书　　号：ISBN 978-7-113-29901-9

定　　价：45.00 元

前言

中华文明源远流长，博大精深。铜鼓起源于中国云南，广泛传播于东南亚，是西南地区独特的精神标识,是当代中国西南文化的根基,体现了大国工匠精神，是中国文化创新的宝藏。在漫长的历史进程中，铜鼓见证了中国西南各族人民自强不息的决心和意志，筚路蓝缕、跋山涉水的发展历程。铜鼓也记录了海上丝绸之路、茶马古道等中华民族的光辉历史，是中华历史文化自立、自信的不可或缺的重要组成部分。

广西是铜鼓使用的重要区域，但是由于历史原因、习俗变迁、人为破坏和自然损耗，加之铜鼓铸造工艺在晚清即已失传，使得民间的传世铜鼓数量较20世纪60年代急剧减少，目前仅滇桂交界、滇缅交界和少数区域还有活态铜鼓文化存在。近几年，随着国家对于非物质文化遗产的重视，广西又逐渐走在了南方各省直至东南亚国家铜鼓文化复兴的前列。广西环江铜鼓非遗传承人韦启初结合现代工艺重新掌握了铜鼓一次成型的关键技术,恢复了铜鼓的制造和生产。此外，广西在铜鼓数字化记录和保护方面也走在国内前列。

铜鼓历史悠久，发源于云南，铸造工艺在广西得以改良传承，在前期国内外研究成果的基础上，建立基于先进信息技术，具备在线沟通、人机互动、数字化复原等功能的广西铜鼓虚拟现实体验系统，是全面再现广西地区丰富的民族文化内涵、展现民族智慧并传承后世的一项迫切任务。

在国内，数字化记录文化遗产已初具规模，敦煌等一系列文化遗产得到了数字化记录。本书以数字化技术为指导，以大数据、人工智能、虚拟现实等技术为手段，以铜鼓文化动态保护与活态传承为目的，深入探究了通过先进的技术手段对铜鼓文化的保护、传承与发扬。本书详细阐述了现代科学技术在铜鼓文化保护与传承中的应用，分析了随着数字化时代应运而生的大数据技术、人工智能技术、虚拟现实技术等内容。接着阐述了利用数据处理的技术手段开展铜鼓的数据采集、数据管理、数据分析，利用人工智能技术实现铜鼓图像修复、分类与识别，利用虚拟现实技术建设铜鼓线上博物馆。本书结构严谨，内容丰富，理论与实践并重，可读性强。本书的出版得到了2021年度高层次人才科技项目“广西铜鼓文化动态保护与活态传承研究”南职院发〔2021〕56号和广西职业教育第一批专业发展研究基地（桂教职成〔2018〕37号）广西职业教育新一代信息技术专业群建设研究基地项目的支持，在此表示感谢。

本书在撰写过程中，为了保证论述的全面性与合理性，参阅了大量有关大数据、人工智能、虚拟现实、铜鼓文化方面的书籍和期刊，并引用了许多专家、学者的观点，在此谨向相关作者表示最诚挚的谢意。

由于作者水平有限，加之时间仓促，书中难免存在疏漏与不妥之处，恳请同行专家、学者不吝指正。

作　者

2022年6月

目 录

绪 论

铜鼓及其文化的数字化保护包括静态记录保护和动态追踪保护，旨在通过信息技术，对现有和失传的铜鼓数据进行梳理，提供信息平台接收和发现铜鼓相关新线索，并结合实地考证，从而实现动静结合地保护铜鼓文化遗产。目前，通过现有数据和资料，利用人工智能技术，虚拟复原非物质文化遗产原貌，对文物进行系统的活化保护，已成为学术界重点研究的热点问题之一，并吸引了国内外学术界的广泛关注。不同专业背景的学者试图从各自专业视角出发，研究人工智能在非物质文化遗产方面的数字化保护。以 CiteSpace 软件为工具，梳理中国知网数据库（简称 CNKI）及 Web of Science 数据库中基于人工智能的文物数字化保护模型和算法的研究成果，归纳出相关研究热点和议题，判明最新的研究趋势，为深入推进非物质文化遗产数字化保护的模型和算法研究提供依据。

陈超美博士开发的 CiteSpace 可视化软件，通过数据挖掘与分析、科学计量与图谱绘制等手段，可视化地展现学科的研究热点及议题，并在国内外学术界得到广泛应用。以“机器学习 / 深度学习”“非遗 / 纹样 / 文物”“应用 / 保护 / 复原”为条件，检索 2018—2021 年 CNKI 数据库成果，剔除会议和报纸成果后，获得了共计 91 篇相关研究成果；以 ML/DL/machine learning/deep learning/artificial intelligence、heritage/art/art design 等为条件，进行组合查询，检索 2018—2021 年 Web of Science 核心库成果，经过排除、合并相同成果，获得了相关研究成果 189 篇。图 0-1 统计了历年来人工智能技术应用于非遗数字化保护相关文献发文量，2018 年之后，发文量及引证文献快速增长，随后于 2020 年达到研究高峰，当年相关领域发文 37 篇。参考文献数量于 2019 年达到数量高峰。在我国，将人工智能技术应用于非遗数字化保护研究正受到学界的持续关注。其中，文章《人工智能背景下非物质文化遗产数字化传播的进阶路向》阐述了人工智能背景下非遗数字化保护的相关技术，主要有以下几种：人工智能的建模与仿真技术、声音–语言–图像理解技术、搜索技术、人机交互技术、无人系统集成技术等。作者也提出了问题，例如在非物质文化遗产保护中，人工智能只是充当了一个载体，并没有把人类的情感考虑进去。

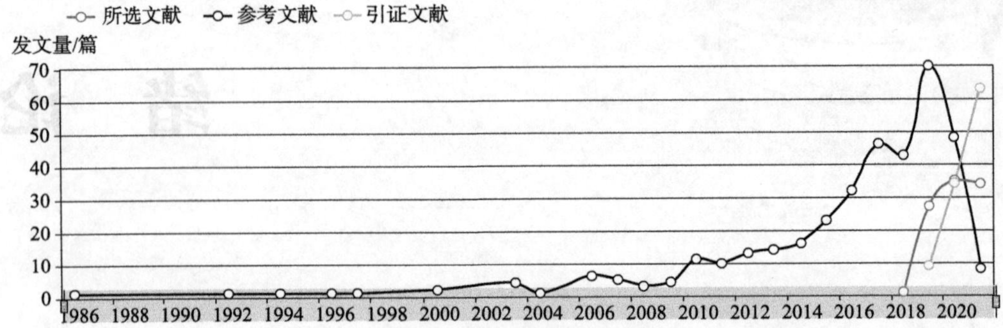

图 0-1　人工智能技术应用于非遗保护研究历年发文量变化趋势

CiteSpace 对 CNKI 中的文献进行关键词挖掘，得到 2018—2021 年的关键词突显图表，如图 0-2 所示。2018 年发表的文献主要聚焦在传统文化数字化，将人工智能技术应用在非遗社交平台方面；2019—2020 年发表的文献关注如何将智能技术应用在碎片拼接、孔洞修复、文物分类等方面，在文旅融合、传播、推广、应用方面融入人工智能技术。2021 年发表的文献关注人工智能技术在文物碎片匹配方面的特征提取与分类算法研究。文物碎片拼接是三维点云配准的一个重要应用领域。文献《基于断裂面邻域特征的文物碎片拼接》选用秦俑碎片作为研究对象，首先，定义邻域特征参数，提取特征点集，通过定义曲率特征参数对特征点集进行二次筛选，确定最优特征点集；然后，利用特征点间的相对距离和相对位置矢量与特征主方向的夹角作为特征描述符，依据集合相似理论对特征点进行相似性度量，得到匹配点对集合，并采用 RANSAC（为 Random Sample Consensus 的缩写，它是根据组包含异常数据的样本数据集，计算出数据的数学模型参数，得到有样本的算法）剔除误匹配点对；最终采用 SVD（Singular Value Decomposition，奇异值分解）计算刚体变化矩阵，通过基于 K-D 树（*k* 维树的缩写，在 *k* 维欧几里得空间组织点的数据结构）改进的 ICP 算法（Iterative Closest Point，最近点迭代算法）完成精准拼合。

在关键词共现图谱中，CiteSpace 依据网络结构和聚类的清晰度，提供了模块值（*Q* 值）和平均轮廓值（*S* 值）两个指标，在图 0-3 中，模块值 Q=0.867 2，一般而言，Q>0.3 就意味着划分出来的结构是显著的；图 0-3 中的平均轮廓值 S=0.980 1，当 *S* 值为 0.7 时，聚类是高效率令人信服的。与关键词“人工智能”共现的关键词有文创、文化、旅游预测、智慧旅游等，与关键词“非遗”共现的关键词是“智能技术”；关键词“深度学习”出现的次数仅次于“人工智能”，与之共现的关键词有部分卷积、图像修复、gan 等。

引用次数最多的前25个关键词

关键词	年份	强度	开始	结束	2018—2021
剪纸	2018	0.68	2018	2018	
社交	2018	0.68	2018	2018	
传统文化	2018	0.67	2018	2018	
碎片拼接	2018	1.00	2019	2019	
智能技术	2018	1.00	2019	2019	
分类	2018	0.50	2019	2019	
残差网络	2018	0.50	2019	2019	
共享空间	2018	0.50	2019	2019	
双层模型	2018	0.50	2019	2019	
训练	2018	0.50	2019	2019	
分形图形	2018	0.50	2019	2019	
孔洞修复	2018	0.50	2019	2019	
文旅融合	2018	0.50	2019	2019	
忠信花灯	2018	0.50	2019	2019	
推广应用	2018	0.50	2019	2019	
传播实践	2018	0.50	2019	2019	
创新	2018	0.50	2019	2019	
优化进路	2018	0.50	2019	2019	
类型识别	2018	0.50	2019	2019	
撒拉族	2018	0.50	2019	2019	
传播传承	2018	0.50	2019	2019	
开发利用	2018	0.50	2019	2019	
人工智能	2018	0.91	2020	2021	
碎片匹配	2018	0.73	2020	2021	
非遗传承	2018	0.73	2020	2021	

图 0-2　2018—2021 年关键词突显分析

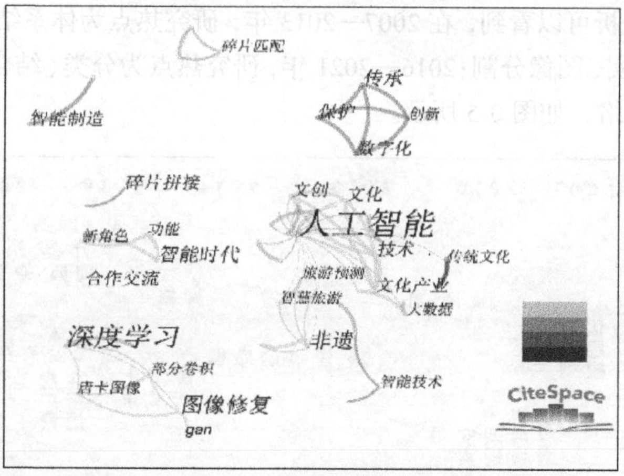

图 0-3　关键词共现分析

文献《基于深度学习的唐卡图像修复研究与应用》在唐卡图像数据集和面向唐卡破损特性的不规则掩码数据集的支持下，通过迁移学习的深度学习模型解决了传统方法应对唐卡不规则破损能力不足和修复速度慢的问题，修复结果更精准、更符合唐卡图像特点。提出一种组合修复方法，在模型修复结果的基础上，使用 Patch Match 算法对该修复痕迹进行局部二次修复修，复唐卡图像弱纹理区域可能出现的明显修复痕迹，以提高唐卡图像的最终修复效果。2021 年 3 月 19 日，腾讯与敦煌研究院共同签署新三年战略合作协议，助力敦煌文物深度数字化保护。据介绍，双方将引入 AI 病害识别技术、沉浸式远程会诊技术等，为壁画“看病”及实现远程文物会诊。比如，修复壁画颜料层脱落是非常费时费力的，但用人工智能初步的研究推算，可以节省 70% 的人力，其中，被大火无情烧毁的巴黎圣母院、因自然和人为因素破坏的长城及受风雨侵蚀破损的敦煌壁画都被 AI 进行了虚拟修复，专业的修复人员可以通过这些修复数据估算出所需的用料，复原这些珍贵古建和壁画的真实样貌。

通过关键词聚类分析发现，使用人工智能技术是在搜索的文献中出现最多的，与之聚类的关键词有识别、艺术、网络词典、注释、协议、链接开放数据，如图 0-4 所示。

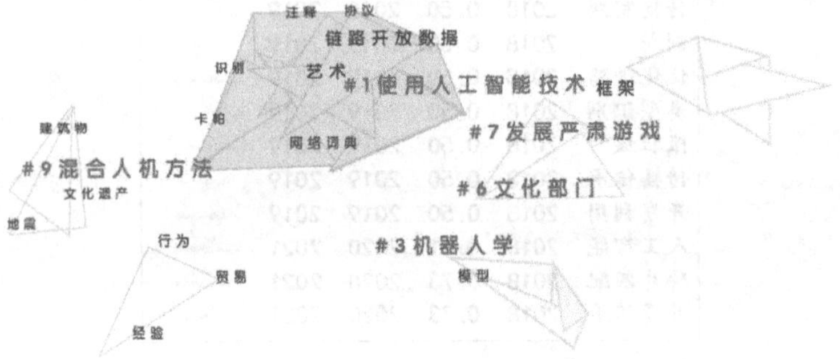

图 0-4　关键词聚类分析

根据时间线分析可以看到，在 2007—2013 年，研究热点为体系结构、识别、动画、混合现实、增强现实、图像分割；2016—2021 年，研究热点为分类、结合体、网络、系统、考古遗址、数字网络，如图 0-5 所示。

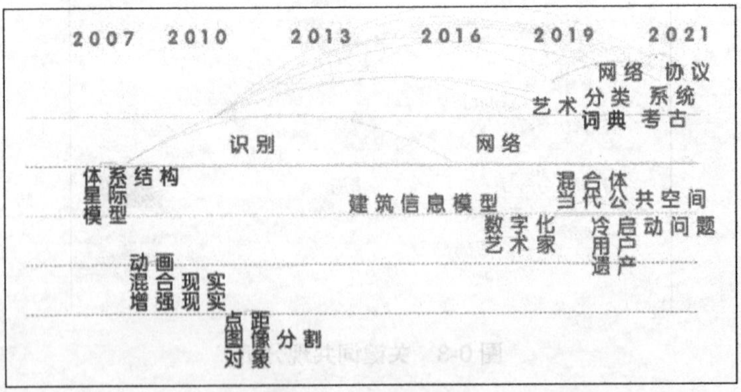

图 0-5　时间线分析

本书阐述了铜鼓文化遗产保护的信息化、数字化、智能化方式，这与国内外学者有着诸多共鸣之处。

在当前大力提倡数字化保护与传承优秀文化遗产的背景下，作者在已有的铜鼓数据库资料的基础之上，对铜鼓图片信息进行了智能分类和智能识别，采用现代信息技术手段设计与实现了铜鼓碎片拼接和虚拟复原，为智能文物鉴别、文物修复提供了技术路径参考；通过虚拟现实技术展现铜鼓文化风貌。本书通过一系列的技术手段赋予广西铜鼓文化以新的生命，让更多的人了解铜鼓，热爱优秀传统文化，让读者对祖国的历史充满自豪，对中华民族伟大复兴充满自信。

第一章 大数据技术

大数据不是一项单一的技术，而是很多技术的综合应用。通过一系列大数据技术对海量数据进行分析，可以挖掘出数据背后的价值。本章将详细介绍大数据系统总体架构、大数据存储与管理技术、大数据处理技术、大数据查询技术、大数据分析技术、数据可视化技术，使读者对大数据的概念及技术有整体的认知。

第一节　大数据系统总体架构

图 1-1 所示为大数据系统总体架构，其采用自下而上的方式从数据流的角度描述了一个大数据应用的工作机制。一个企业或者一个部门将自己拥有的大量数据用分布式存储的方式存放在大量的节点上，然后以关系型数据库或者非关系型数据库来管理这些数据，应对不同的需求，使用不同的数据处理工具进行分布式计算。同时，使用类似于 SQL 的方式简化数据查询和简单处理的过程，降低数据分析人员使用的门槛。数据分析人员通过对数据进行分析与挖掘，获取有价值的信息来指导未来的决策。最后，数据分析的结果以图的方式形象地展示出来，方便所有人查看与理解。

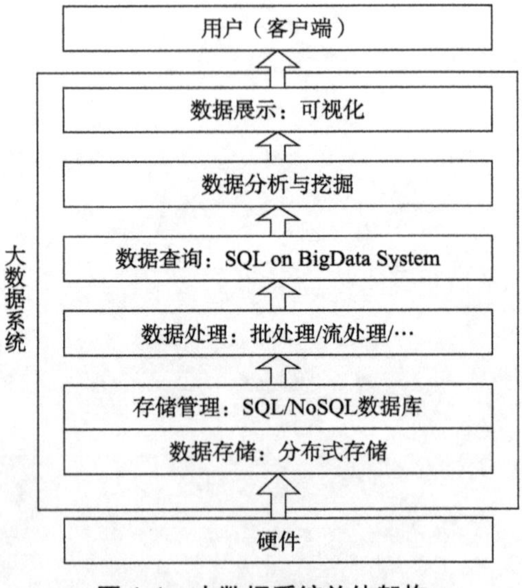

图 1-1　大数据系统总体架构

第二节　大数据存储与管理技术

大数据存储与管理技术是大数据系统的基础，只有做好数据存储与管理，才能进行后续的操作，所以大数据存储与管理技术对整个大数据系统至关重要。大数据存储与管理的好坏直接影响了整个大数据系统性能的优劣。

一、大数据存储技术

（一）大数据存储系统简介

大数据处理系统的基础部分就是大数据存储，其中文件系统的存储是大数据存储最基本的部分。大数据概念的提出是从网络大数据开始的，搜索引擎是网络大数据处理的典型重要应用。当然，当前的大数据应用范围有了很大的扩展，大数据存储不仅包括网页的存储，也包括更加广泛的其他一般性的数据存储。可以这样说，凡是需要保存大量数据的，都可以称为大数据存储。

大数据存储的具体应用如下：

1. 大量互联网数据的存储

互联网数据的存储可以认为是大数据的第一个应用，推动了大数据技术本身的发展。互联网数据规模庞大，需要大量的存储和处理能力，推动了大数据处理技术（包括大数据存储技术、大数据分析技术、大数据查询可视化等）的形成。互联网数据已经对人类的生产、生活和社会关系产生了重要的影响。大数据存储首先需要应对的就是大量互联网数据的存储。

2. 大量个人数据、组织与机构数据的存储

数字化生活导致各种个人电子设备层出不穷，手机、数码照相机等都会产生大量的个人数据。在平时的工作和生活中，时时刻刻都在产生大量的个人数据，如在工作中使用的信息系统，几乎把工作过程中产生的数据都进行了保存，以备之后进行处理。随着越来越多的公司和机构接入互联网中，组织和机构的数据规模也开始变得非常庞大，这部分数据的存储也成为大数据存储的重要组成部分。

3. 科学计算的计算流程与计算结果的存储

数据一直是科学计算的一个非常重要的组成部分。随着计算机性能的不断提高，很多科学实验会产生大量的数据，这也需要大数据处理技术的支持，以便对数据的最终结果进行计算，以及对其物理意义进行解释。科学计算所需要的数据以及计算的结果也成为大数据存储非常重要的组成部分。

4. 数据挖掘与人工智能

很多新一代的应用需要对数据进行处理，以获取数据包含的知识。这一类应用包

括数据挖掘以及人工智能。如果没有大数据处理技术，很多数据挖掘和人工智能的应用就无法实现。举一个直观的例子，人工智能中有一类非常重要的应用，即图像物体识别，包括从视频中分析出人脸，之后还可以进行分析追踪。如果没有大数据处理技术，人脸识别是不可能实现的。大量的数据都需要保存下来，以便进行后续的分析。

5. 数据归档

这一类的应用体现还不是很明显，但是数据归档对于保存数据来说，是非常重要的。数据归档可以将一部分当前不需要的数据保存到一个不容易丢失的位置。数据归档不是单纯地保存数据，还要为数据建立索引，以便在需要的时候快速找到相应的数据。

上述应用只是大数据存储应用的一个极小的部分。大数据的应用不局限于上面讨论的各种应用，实际上大数据的应用已经体现在各个方面。大数据存储是大数据应用最重要的组成部分，没有大数据存储，大数据的应用就无从谈起。

（二）大数据存储的基本形式

大数据存储的基本特点是存储的数据量巨大，因此通过一台机器对数据进行存储往往是无法实现的，这是因为单台机器能够存储的数据容量是有限的。在这样的条件下，大数据存储需要通过分布式存储的方式完成。与传统的数据存储一样，大数据存储也有不同的体现方式。与单机存储类似，大数据存储的基本形式可以分为文件系统的存储、键值对的存储，以及数据库的存储，分别是对单机上对应存储形式的扩展。在大数据存储中，最广泛使用且存储容量最大的存储方式是分布式文件系统存储，这是对单机文件系统存储的扩展。对于单机存储，除了文件系统的存储形式，还有其他存储形式，如在计算机系统中经常使用的键值对的存储，对这个存储模式进行扩展，可以获得相应的分布式存储的方式，即分布式的键值对存储。此外，还有一个重要的存储形式——数据库的存储，可以将有格式的信息放入数据库中，这是一种非常易用的存储形式。当前大部分应用需要数据库的支持。数据库的存储形式使建立应用程序变得非常方便。下面对各种大数据存储形式进行简要介绍。

1. 分布式文件系统的存储

分布式文件系统是大数据系统中一个非常重要的组成模块，其地位就像单机的文件系统在整个单机系统中处于非常重要的位置一样。分布式文件系统将单机的文件系统进行扩展，甚至可以扩展到数千台机器或者全球统一的分布式文件系统。分布式文件系统之所以重要，是因为随着大数据的发展，大量的非结构化数据需要处理，而非结构化数据没有统一的形态，不能通过结构化（如结构化数据库）的方式来表达，通过文件进行存储是必需的。从这一点来看，分布式文件系统的应用非常广泛。搜索引擎抓取的数据就保存在分布式文件系统中。

在具体的展现形式方面，分布式文件系统也需要构建一个目录树结构，用户访问时首先需要通过目录树进行文件数据的定位。此外，分布式文件系统同单机文件系统一样，也需要提供文件的访问方式，包括打开文件、读取文件、写入文件和关闭文件等。

2. 分布式键值对的存储

除了分布式文件系统的存储，大数据存储还有其他形式，包括分布式键值对的存储、分布式数据库的存储。数据库首先需要定义存储数据的格式，在进行存储时往往需要使用一些主键找到对应的值，因此通过数据库的方式能够表达比较复杂的结构信息。键值对的存储虽然简单，但是可以支持非常复杂的应用形式，因此在计算机系统技术方面占有非常重要的地位。简单的结构也能够保证总体的存储体系结构可以扩展到非常大的规模。键值对在单机中已经有非常广泛的应用，很多数据库的底层实际上使用的就是键值对的存储。因此，非常有必要将键值对的存储扩展到分布式的环境，以支持大数据的存储和计算应用。实际上，在很多应用中键值对的存储模式已经足够丰富，也非常方便程序员使用。在实际的生产实践中也发现键值对的存储是很容易被扩展到分布式环境的，这就使得分布式键值对的存储成为大数据存储的一种基本形式。分布式的键值对存储同样也可以作为分布式数据库存储的底层。

3. 分布式数据库的存储

最广泛的数据存储形式是数据库的存储。关系数据库的建立和发展为计算机应用打下了良好的基础，这是因为很多应用程序员并不希望了解底层的细节，而是希望使用数据模型模板来保存数据记录。在很多情况下，他们往往会按照关系数据库的要求把数据保存到关系数据库中，关系数据库具有对数据进行建模的抽象能力，可以为应用程序带来良好的支持。关系数据库的关系模型有一定的复杂度，但是这个关系模型本身可以提供一些必要的应用程序的支持。这会大大简化应用程序员的工作，应用程序员可以更加关注于应用的本身。关系模型可以用来建立很多实际数据的抽象模型，适用于很多实际的应用场景，如很多表格类的应用可以在政府、机构、学校、图书馆等场景中使用。这一点是非常明显的，因为像 Excel 这样的应用程序在实际中就被广泛使用。很多互联网应用的后台就将数据保存在数据库中，前端通过应用程序访问数据库的形式，将最终的信息展现在网页上。可以说，数据库是绝大多数广泛使用的应用程序的后台支撑。从数据库的应用支持本身来说，非常有必要将数据库扩展到分布式的环境中，现在已构造出可以保存大量应用数据的分布式数据库。除了能够保存大量数据，也需要在这上面支撑关系运算，从而可以通过多台机器甚至上千台机器协同工作，提高应用程序的性能，支持更多的用户。

以上三种就是大数据存储的基本形式，可以看到，这些基本形式与现有单机的数据存储基本形式是类似的，这实际上取决于应用本身的特点。但是，大数据的存储具有非常高的要求，简单地将单机的存储扩展到分布式环境，或者扩展到一个非常大的并行计算规模是不够的。在进行系统扩展时，需要解决一系列的关键技术问题。

（三）大数据存储的关键技术

大数据存储的关键技术实际上是非常多的，本节只选取其中最关键的部分进行介绍，包括扩展性技术、可靠性和容灾保障技术、数据共享技术、重复数据删除技术及纠删码技术。下面就对这些技术逐一进行介绍。

1. 扩展性技术

扩展性技术的含义非常简单明确，就是将大数据的存储尽可能地扩大到更大的规模。一些大数据存储对扩展性的要求非常高，一些数据存储系统甚至要求将数据分布到几千台机器上，这几千台机器之间需要通过高速的网络进行连接；还有一些应用系统甚至要求数据在多个数据中心进行分布。这就对扩展性提出了更高的要求。分布式环境下的扩展性，特别是对于存储来说，有两个层面的含义：一个层面是数据存储的负载均衡；另一个层面是数据访问的负载均衡。数据存储的负载均衡指每台机器上存储的数据量差不多。数据访问的负载均衡指每台机器提供的负载差不多，不会存在大量的热的数据分布在少数几台机器上，这是为了提高系统的总体访问能力。此外，也要求在容量不够时加入新的机器，以自然地扩展到更高的容量，提供更好的访问能力。大数据存储的扩展性技术包括存储方面的负载均衡、访问方面的负载均衡，以及整个系统的可扩展性。

2. 可靠性与容灾保障技术

大数据存储可靠性的含义是在某一些节点出现错误时，所保存的数据仍然存在，数据不会丢失。可靠性的最低要求是系统出现错误时数据不丢失。一些系统要求有可用性，就是在整个系统出现错误时向外提供的服务不发生改变，可以提供正常的服务。可用性的要求比可靠性的要求高。为了达到可靠性和可用性的要求，最基本的方式就是将数据副本保存到不同的物理机器中。这样，当其中一台或者几台物理机器发生错误时，其他机器仍然可以提供数据访问服务。容灾保障技术是另一种更高层面的可靠性技术，希望能够保证在发生灾难时整个系统不发生数据丢失，甚至可以继续提供数据服务。这里的灾难包括自然灾害等，这些灾难会导致整个数据中心下线。由此可以看出，容灾保障技术对整个技术体系提出了更高的要求。容灾的基本方式也是通过数据副本的方式。

3. 数据共享技术

数据共享技术是一种应用层的技术，可以应对大数据需要支持多个应用的需求。数据共享需求是普遍存在的。共享数据指用户将自己的数据提供给其他用户使用，使得与他人共同享有这份数据以及在该数据上进行的修改，例如现有的协同工作系统就在这样的数据上进行工作。在日常生活中，用户经常会有对数据进行共享的需求。例如，对于家庭聚会的照片，用户通常希望将其共享给家庭中的所有成员；对于朋友集体出游的照片，用户希望将其共享给所有朋友。在大数据存储和处理方面，数据共享是连接整个系统不同处理部分的关键环节。例如，在科学计算方面，大量的数据会逐渐产生，而上一级处理生成的数据会被作为下一级数据处理的输入数据。因此，在不同的科学计算步骤之间就需要共享数据，以供后一级使用，同时也可供科研人员调试使用，以确认计算流程的正确性。由此可以看出，数据共享技术能够保证数据在多个使用者之间正常流通。

4. 重复数据删除技术

最近几年，大数据存储系统凭借优秀的可扩展性、可用性、可靠性、易管理性、高性能和低成本等优势，获得了越来越广泛的认可，成为在网络应用的构建中代替传统专用存储系统的解决方案。但是，实际上大数据存储，特别是它的一个重要的存储分支——云存储，存储了来自不同网络应用和不同用户的海量数据，这些数据中存在大量的冗余数据。除了云存储，其他大数据存储系统也会有大量的冗余，如在科学计算的数据中，大量的数据都是冗余的，而其中不冗余的部分是进行计算的关键。当这些冗余数据存储到云存储系统或者其他大数据存储系统中时，不仅浪费了大量的存储空间，更重要的是浪费了用户和云存储系统之间有限的网络带宽资源。将重复数据删除技术应用到大数据存储系统中，用于发现并删除数据中的冗余，可以有效提高存储空间以及网络带宽的利用率，进一步降低大数据存储系统的成本，提高大数据存储系统的可扩展性和整体性能。

5. 纠删码技术

纠删码技术和副本方式相同，也可以提高可靠性，但是它还能大幅降低所需的数据存储容量。纠删码技术在云存储系统中的应用已经成为比较热门的话题。一旦云存储环境下的数据节点出现故障，如其中的关键数据出现损坏，后果很可能是毁灭性的、令人无法接受的。因此，如何对这些数据进行有效存储，并避免数据损失就格外受人关注。随着大型数据存储系统中数据量的不断增加，原本根据独立磁盘冗余阵列（Redundant Array of Independent Disks，RAID）（RAID1-6、RAID01 和 RAID10）进行的冗余数据存储，在很多情况下已经不再适用。这些系统最多只能允许两个磁盘或节点出错。但是，随着存储部件数量的增长、广域网的飞速发展和故障模式的增多，存储系统的设计者希望未来设计出的系统能够允许同时出现更多的磁盘或节点错误，而不影响系统的正常运行。那么如何更有效地对大型数据存储系统中的数据进行保护，允许同时出现多个磁盘或节点错误，避免其因系统中的存储设备失效而丢失数据，成为当前数据可靠性保证技术的研究热点。

（四）GFS 和 HDFS

大数据领域最著名的存储技术就是 GFS 和 HDFS，HDFS 是 GFS 的开源实现。HDFS 的设计理念非常简单，当一台计算机无法存储所有需要的数据时，就使用多台机器共同存储，当机器数量越来越多时，就形成了一个大规模的集群。

HDFS 的架构如图 1-2 所示，采用主从的结构，一台主节点上运行 NameNode 守护进程，另一台节点上运行 SecondaryNameNode 守护进程，其他节点上运行 DataNode 守护进程，所有数据都以块的形式存储在 DataNode 节点上。

NameNode 称为名称节点，它本身没有存放数据。在 NameNode 节点存放的数据文件的目录，就是文件系统完整的索引。实际上 NameNode 中一共有两种文件：一种是文件系统镜像（File System Image），它包含完整的元数据（描述数据的数据，用于指示数据的存储位置等）；还有一种就是日志文件，记录了数据的改动。为什么不把对数据的改动直接更新到文件系统镜像中呢？这是因为文件系统镜像非常大，实时更新的速度会非常慢，且效率很低，所以当数据频繁改动时，只要记录在一个日志文件中，定期将日志文件合并到文件系统镜像中即可。

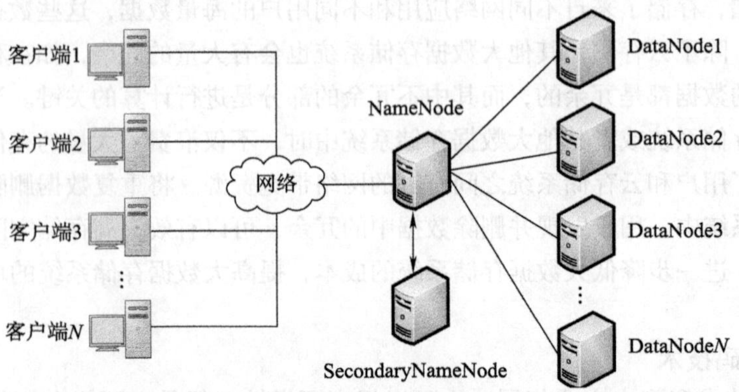

图 1-2　HDFS 的架构

SecondaryNameNode *N*为第二个名称节点，与NameNode一样，SecondaryNameNode节点中存放的也是文件系统镜像和日志文件，其作用主要有两点：

（1）代替 NameNode 执行合并操作。NameNode 需要随时为集群提供服务，有时候可能没有多余的资源进行合并操作，所以 SecondaryNameNode 将 NameNode 中的文件系统镜像和日志文件复制到本地，然后将其合并返还给 NameNode，以减轻 NameNode 的负担。

（2）提高名称节点可靠性。因为名称节点只有一个，所以发生故障时会导致系统不可用。这时，就需要 SecondaryNameNode 将最新的文件系统镜像交给解决好故障之后的名称节点或者重新替换掉的名称节点，从而帮助名称节点恢复工作。

HDFS 是大数据的根基，它有以下几个优点：

（1）能够存储大规模数据。能够支持过万的节点，其数据量可以达到 PB 级，文件数量可以达到百万以上。

（2）流式访问数据。HDFS 采用一次写入、多次读取的模式，保证了数据的一致性。

（3）运行在廉价机器集群上。HDFS 对硬件要求低，配置集群只需要普通的硬件即可，不必专门购买昂贵的机器。

（4）高容错性。虽然廉价机器的故障率可能比较高，但是 HDFS 集群具有高容错性。

因为数据在 HDFS 中保存有多个副本，当一个节点发生故障时，会使用其他节点上的副本，并且可以配置其他节点代替故障节点。

HDFS的设计和GFS高度一致，但是，HDFS是一个开源项目，所以HDFS要考虑到应对不同的业务逻辑需求，会尽量设计得更简洁通用。GFS和HDFS的区别主要有以下两点：

（1）快照。GFS 中拥有快照功能，可以在不影响当前操作的情况下对文件进行复制，其复制的结果实际上是产生一个快照文件指向源文件，该源文件会增加引用计数。

（2）垃圾回收。当任务完成且程序运行结束时，系统需要回收之前分配的资源。

在 HDFS 中采用的是直接删除的方法，而在 GFS 中采用的是惰性回收的策略。所谓惰性回收就是在任务结束时不会立刻回收所有文件资源而是标记这些文件资源，防止普通用户访问，在预定的时间段结束后再删除。

二、大数据管理技术

（一）HBase

我们通常使用数据库来管理数据，在大数据中也一样。与传统数据管理不同的是，传统数据多是结构化的数据，使用普通的关系型数据库管理即可。而在大数据中出现了大量的半结构化和非结构化的数据，如果使用传统的关系型数据库，则无法很好地管理所有数据，所以在大数据管理中，通常使用非关系型数据库，其中最常用的就是 HBase。

HBase 采用了列式存储，列式存储来源于 BigTable 论文，本质上就是一个按列存储的大表。行式存储与列式存储如图 1-3 所示。

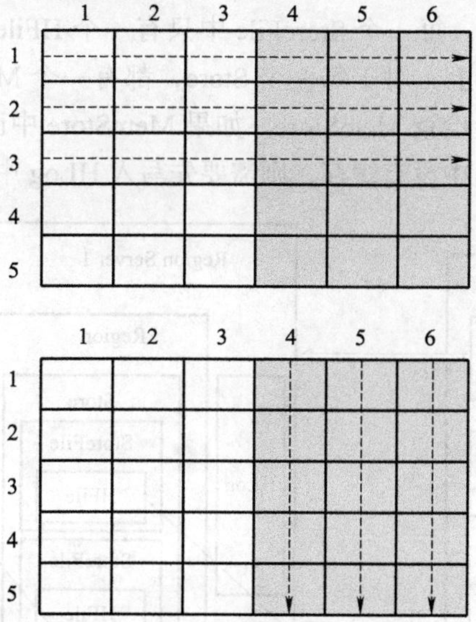

图 1-3　行式存储与列式存储

行式存储是按行存储数据，这样一张表的数据都是在一起的，如果只需要查询少数几列的数据，由于查询会进行大量的 I/O，会浪费大量时间和资源。

列式存储的数据是按相同字段存储在一起的，每列单独存放，不同的列对应不同的属性，属性也可以根据需求动态增加。这样就可以只查询相关的列，减少了系统的 I/O。

HBase 的逻辑模型如图 1-4 所示。其中 Row Key 是表的行号，也是每条记录的主键。Column Family 是列族，包含一个或多个列。Column 是列，代表一个记录的属性。Version 1、Version 2、Version 3 是版本号，默认为系统时间。Data 是存储的数据。

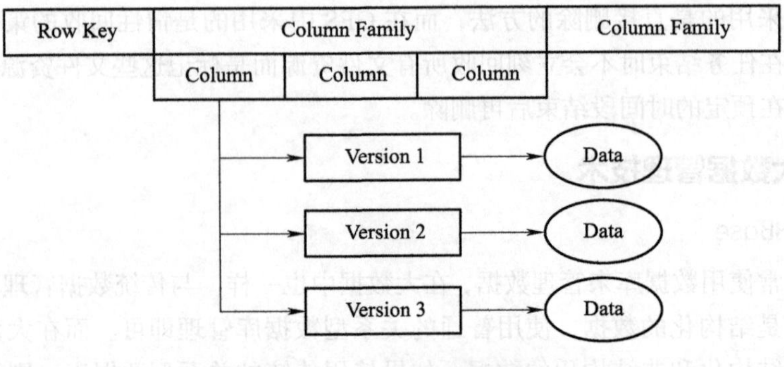

图 1-4　HBase 的逻辑模型

HBase 的物理模型如图 1-5 所示，一个大表中的数据按照 Row Key 排序，然后按行切割成 Region，当表不够大时，只有一个 Region，而当表越来越大后会形成多个 Region。Region 是 HBase 中分布式存储的最小单元，不同的 Region 分布在不同的 Region Server 上。其中一个 Region 会分成一个或者多个 Store，而一个 Store 又可以分成一个或者多个 StoreFile，每一个 StoreFile 中只有一个 HFile。HFile 是存储的最小单元，它们都存放在 HDFS 上。对于每一个 Store，都有一个 MemStore 写入缓冲区，对 Region 进行写数据之前会检查 MemStore。如果 MemStore 中已经缓存了写入数据，则直接返回；如果 MemStore 中没有缓存，则需要先写入 HLog 中，再写入 MemStore 中。

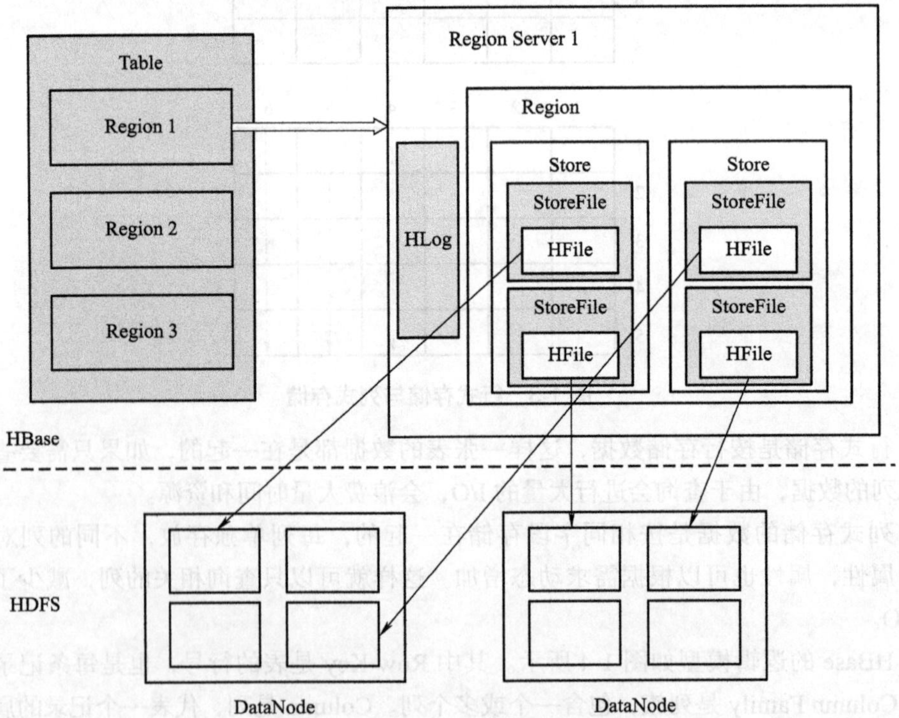

图 1-5　HBase 的物理模型

HLog 是用来记录操作的日志，虽然写 HLog 会在一定程度上影响性能，但是 HLog 可以提高可靠性，以便当系统出现故障时可以通过 HLog 来恢复数据。

（二）大数据的 NoSQL 数据管理

在依赖关系数据库模型或数据仓库方法来进行数据管理的任何环境中，对于要在大数据管理中实施的数据，忽略传统数据组织的支持是不明智的。幸运的是，大多数软硬件设备支持标准的、基于 SQL 的关系数据库管理系统（RDBMS）的标准方法。为创建数据库结构和批量数据加载，软件工具经常把执行引擎和 RDBMS 以及实用工具捆绑使用。

高性能、弹性的分布式数据环境的可用性，使创新性算法能够以不同方式开发了多种数据管理模型。事实上，一些算法不能在传统的 RDBMS 系统中使用数据，并且将非常依赖新的数据管理手段。这些新的数据管理框架大多捆绑在“NoSQL 数据库”之下。NoSQL 表达了两种不同的含义：一种含义是指数据管理系统不是 SQL 兼容的；另一种更易于接受的含义是“不仅仅是 SQL”，意指传统 SQL（或类似 SQL 的查询语言）与其他查询和访问方法相结合。

1. 无模式模型：增加数据操作的灵活性

NoSQL 数据系统承诺在数据库管理方面具有更大的灵活性，同时减少对更正式的数据库管理的依赖。NoSQL 数据库具有更加宽松的建模约束，这对于应用开发人员和最终用户分析人员都是有利的，使他们的交互式分析不会受限于基于关系表的环境。

针对不同类型进行分析，对不同的 NoSQL 框架进行了优化。例如，有些框架是作为键值存储实现的，很好地与某些大数据编程模型一致。而另一种新兴模型是图形数据库，在库结构中嵌入语义和连接来实现图形抽象。事实上，NoSQL 的一般概念包括无模式建模，其中数据语义嵌入到灵活的连接和存储模型中，不强制特定的数据绑定到特定物理位置的持久存储，并针对计算、存储和网络带宽的利用情况，提供了数据自动分发和使用的弹性。NoSQL 数据库还集成了数据缓存功能，有助于减少数据访问延迟和提高存取性能。

松散关系结构，其目的是允许不同的模型适应特定类型的统计分析。由于技术是不断发展和逐渐成熟的，而且建模和管理的“宽松”方法不会将关键数据强加到严格定义的关系结构中，所以模型本身没有必要强加任何有效性规则。这种不受控的数据管理活动也意味着可能会带来相关的风险，例如，无意中不一致的数据复制、语义的重新解释、通用性和及时性问题。

2. 键值存储数据库

键值存储数据库是一种相对简单的 NoSQL 数据存储方式，也是一种无模式模型，其中值（或值集合或者更复杂的实体对象）与称为键的不同字符串相关联。程序员可以看到类似称为哈希表的数据结构。其他可供选择的 NoSQL 数据存储是键值存储数据库的变体，在一定程度上丰富了这个模型。

在键值存储数据库上执行的核心操作包括：

（1）Get（key）：返回与提供的键关联的值。

（2）Put（key，value）：将键与值关联起来。

（3）Muli-get（key1，key2，⋯，key*N*）：返回与键列表相关联的值列表。

（4）Delete（key）：从数据存储库中删除键的条目。

键值存储数据库的一个关键特征是键的唯一性，为了找到正在寻找的值，必须要使用准确的键。在这个数据管理方法中，如果想要多个值与单个键相关联，需要考虑对象的表示方法和这些对象是如何与键关联的。例如，可能希望用一个键关联一系列的属性，这表明该键存储的值本身又是另一个键值存储数据库对象。

键值存储数据库基本上是又长又窄的表（因为每行都没有关联很多列）。在查询过程中，通过键值对表中的行排序可以简化为查找键的过程。也可以用哈希函数，把键映射到表中特定的位置（有时称为“桶”）。它可以很好地支持有需要无限增长的数据结构，有利于存储大量可以相对快速访问的数据，也有利于数据可以渐进式追加的环境。有大量的例子，包括捕获系统事务日志、管理个人配置文件数据、维护数百万个唯一网页链接的访问计数。

这种表示的简单性允许大量索引数据值附加到同一个键值表中，可以在存储节点上共享或分布。在条件合适的情况下，表的分布方式与键的组织方式相一致，因此用于确定特定键在表中位置的哈希函数，也可以用于确定哪个节点拥有该键的桶（例如具有该键的表的一部分）。

虽然键值对有利于分析算法的存储结果（如在大量的文件中的短语计数）和生成报告的结果，但是这个模型确实存在一些潜在的缺点。一个缺点是模型本身不会提供任何类型的传统数据库功能（如事务处理的单元性或同时执行多个事务时的一致性），而那些功能必须由应用本身提供。另一个缺点是随着模型的增长，保持键值的唯一值可能变得更加困难，需要生成更复杂的字符串，这样字符串才能在无数个键中保持唯一性。

3. 文档型数据库

文档型数据库类似于键值存储数据库，存储的对象是关联（因为通过字符串访问）的字符串键。不同的是，被存储的值称为“文件”，包含管理数据的结构和编码。常见的编码包括可扩展标记语言（Extensible Markup Lan guage，XML）、Java 脚本对象符号（Java Script Object Notation，JSON）、JSON 对象二进制编码（BSON）、串行化数据的其他方式（即打包与数据记录或对象关联的潜在线性化数据值）。

键值存储数据库和文档型数据库之间的差异：前者需要使用键来检索数据，后者往往提供一种手段（通过编程 API 或使用查询语言）用于查询基于内容的数据。因为用于编码文档的方法嵌入对象元数据，人们可以通过例子使用查询方法。

4. 列存储数据库表格或基于表的数据库（列存储数据库）

在很大程度上来自最初的 BigTable 设计，用来管理结构化数据。HBase 模型是从 BigTable 进化而来，它本身就是 Hadoop 中 NoSQL 数据管理系统的一个例子。

BigTable NoSQL 模型允许稀疏数据存储在一个三维的表中，表的索引由行键、列键和时间戳组成。行键采用一种类似的键值和文档型数据库的方式；列键表示数据值存储的特定属性；时间戳是指在这行的列值存储的时间。

例如，Web 页面的各种属性可以与 Web 页面的 URL 相关联，如页面上的 HTML 内容、链接到这个网页的其他网页的 URL 以及这些页面内容的作者等。

BigTable 模型中的列可以组合在一起作为"族"，而时间戳则使管理多个版本的对象成为可能。历史记录内容每一次发生变化时，都可以使用下载内容的时间戳来创建新的列关联关系。

5. 对象存储数据库

在某些方面，对象存储数据库和对象数据库似乎桥接了无模式数据管理和传统关系模型的世界。一方面，对象数据库方法与文档型数据库的方法类似，除非文档型数据库显式串行化对象，这样数据值可存储为字符串，而对象数据库维护着与面向对象编程语言（如 C++、Objective-C、Java、Smalltalk）绑定的对象结构。另一方面，对象数据库管理系统能提供与数据库可靠性相关的传统 ACD（原子性、一致性、独立性和持久性）合规性特征。对象数据库不是关系型数据库，不使用 SQL 查询。

6. 图形数据库

图形数据库提供了一个表示单个实体和连接这些实体的多种关系的模型。更确切地说，它采用图形抽象表示连接，由一组表示建模实体的顶点（也称为节点或点）组成，这些顶点通过两个实体相关的边（也称为链接、连接或关系）连接。在图形数据存储库上执行的图形分析与常用的查询和报告有所不同。

第三节　大数据处理技术

在存储了大规模的数据之后，就需要对数据进行处理。大数据处理技术主要是分布式计算，分布式计算的分类如图 1-6 所示。分布式计算主要有以 MapReduce 为代表的批计算，以 Spark 为代表的内存计算，以 Storm 为代表的流计算，以 Pregel 为代表的图计算。下面将介绍这几种分布式的计算框架。

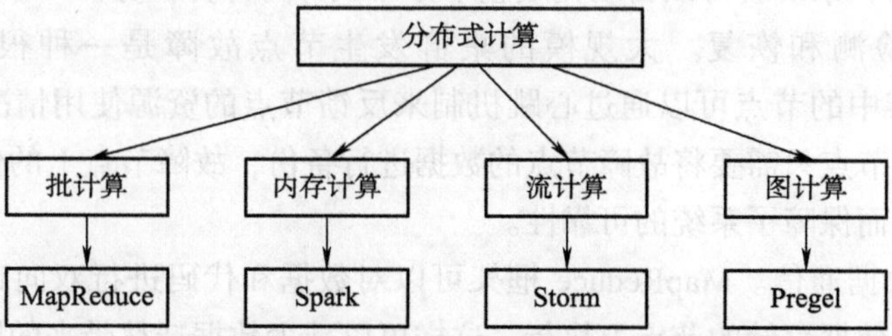

图 1-6　分布式计算的分类

一、MapReduce

MapReduce 是一个大数据的计算框架，它是一种离线计算框架，需要先将数据存储起来再进行计算，非常适合大规模的数据集中性计算。在 MapReduce 之前并没有其他计算框架，那么为什么需要计算框架呢？因为在 HDFS 和 HBase 的基础之上要进行分布式并行编程并不是一件简单的事情，为了能够让所有的程序员都可以轻轻松松地开发出分布式计算的程序，由此诞生了 MapReduce。MapReduce 主要分为 Map 和 Reduce 两个过程，一个作业会被系统分成多个小作业，其中每一个小作业就是一个 Map 任务，它们被分配到各自独立的机器上执行。完成了 Map 任务之后又会开始 Reduce 任务，将 Map 任务的结果作为输入，并将结果进行规约简化，这样一个大的作业就被大量的节点共同完成。

MapReduce 计算框架采用如图 1-7 所示的主从架构，它主要有以下功能和优点。

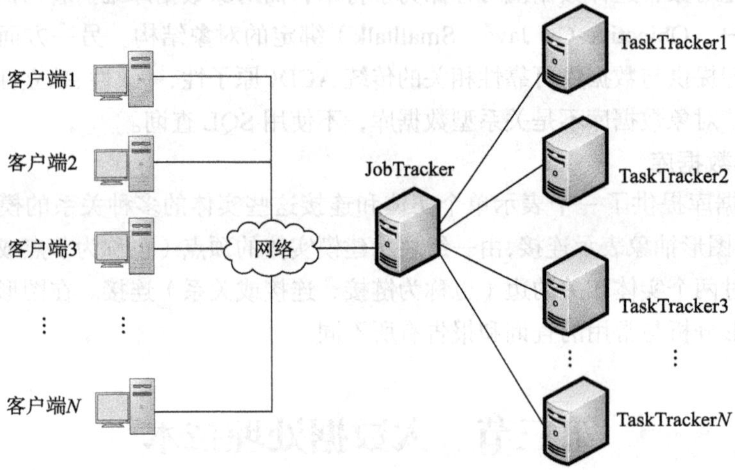

图 1-7　MapReduce 计算架构

（1）资源划分和任务调度。MapReduce 架构中的主节点能够进行资源的划分和任务的调度，这样程序员就不需要了解怎么将一个大作业分成小任务，再给每个人分配任务所需的资源。程序员只需要把注意力全部放在处理逻辑上，定义好了 Map 函数和 Reduce 函数之后，系统就可以自动完成整个分布式并行计算任务。

（2）故障检测和恢复。大规模的集群发生节点故障是一种很正常的事情。MapReduce 框架中的节点可以通过心跳机制来反馈节点的资源使用情况和健康状态。对于出了故障的节点只需要将故障节点的数据进行备份，故障节点上的任务就会交给其他节点执行，从而保障了系统的可靠性。

（3）减少数据通信。MapReduce 框架可以对数据和代码进行双向定位，让处理数据的代码尽量在数据存储的节点上执行，这样可以减少数据迁移带来的网络延时，从而提高系统的效率。

二、Spark

Spark 也是一个大数据处理的框架，2009 年由加州大学伯克利分校开发，2010 年成为 Apache 的开源项目之一。Spark 的架构如图 1-8 所示，客户端（Client）提交作业后每个作业有一个作业驱动程序(DriveApp),然后作业驱动程序提交给集群管理器(Cluster Manager)，集群管理器给任务分配资源并安排 Worker 创建 Executor 执行任务。

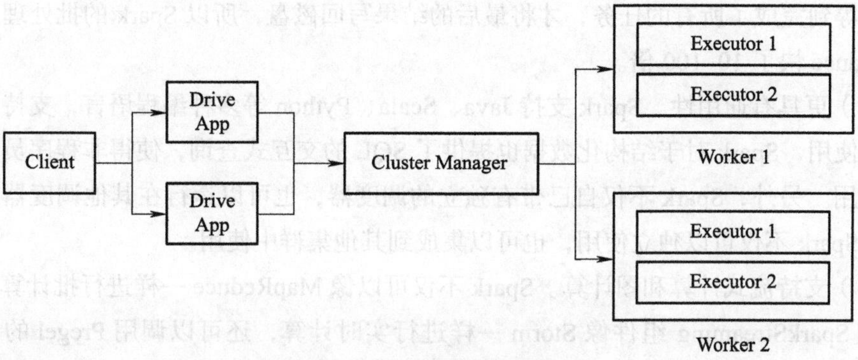

图 1-8　Spark 的架构

Spark框架包含各种不同的组件（见图1-9），主要有以下几种：

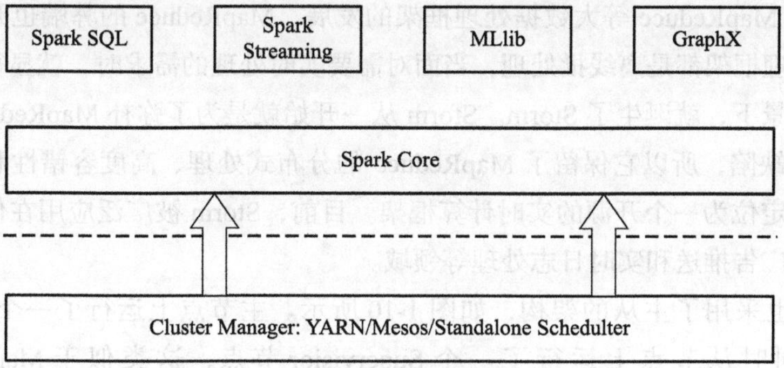

图 1-9　Spark 组件

（1）Spark Core：Spark的基础组件，提供Spark基础服务，包括任务管理、计算引擎等功能。

（2）Spark SQL：一个提供SQL查询功能的组件，用于处理结构化的数据，便于熟悉关系型数据库的人使用。

（3）Spark Streaming：提供了API进行实时数据流操作，类似于Storm。

（4）MLlib：提供机器学习相关的APL，包含机器学习常用的算法。

（5）GraphX：提供图计算的库，API来源于图计算框架Pregel。

（6）Cluster Manager：集群管理器，可以是Spark自带的单独调度器，也可以是Hadoop YARN或者Apache Mesos。

Spark 与 MapReduce 有很多相同点，但是 Spark 也有着自己的特性。

（1）处理速度快。Spark 扩充了 MapReduce 的计算模型，可以支持更多类型的计算。更重要的是，Spark 是在内存中计算，而 MapReduce 需要从 HDFS 读取数据，计算后再写入 HDFS,下一次计算时又重复此过程,所以 MapReduce 包含了大量的 I/O 过程。Spark 从磁盘上读取数据之后每次计算不会将中间结果写回磁盘，而是将数据保存在内存中，等到完成了所有的任务，才将最后的结果写回磁盘，所以 Spark 的批处理速度比 MapReduce 快了 10~100 倍。

（2）更具有通用性。Spark 支持 Java、Scala、Python 等多种编程语言，支持更多的程序员使用，Spark 对于结构化数据也提供了 SQL 的交互式查询，使得非程序员也可以方便使用。另外，Spark 不仅自己带有独立的调度器，也可以运行在其他调度器之上，所以，Spark 不仅可以独立使用，也可以集成到其他集群中使用。

（3）支持流式计算和图计算。Spark 不仅可以像 MapReduce 一样进行批计算，也可以通过 SparkStreaming 组件像 Storm 一样进行实时计算，还可以调用 Pregel 的 API 进行图计算，极大地扩充了 Spark 的使用场景。

三、Storm

伴随着 MapReduce 等大数据处理框架的发展，MapReduce 的弊端也开始显现，这些大数据处理框架都是离线批处理，当面对需要实时处理的需求时，就显得无能为力。在这样的背景下，就诞生了 Storm。Storm 从一开始就是为了弥补 MapReduce 只能做离线批处理的缺陷，所以它保留了 MapReduce 的分布式处理、高度容错性和支持多语言等优点，并定位为一个开源的实时计算框架。目前，Storm 被广泛应用在信息流处理、连续计算、广告推送和实时日志处理等领域。

Storm 也采用了主从的架构，如图 1-10 所示。主节点上运行了一个称为 Nimbus 的进程，同时从节点上运行了一个 Supervisior 节点，这类似于 MapReduce 中的 JobTracker 和 TaskTracker。实际上，Storm 架构在很大程度上与 MapReduce 相似，Storm 中的 Worker 与 MapReduce 中的 Child 类似；Storm 中的应用名称 Topology 与 MapReduce 中的 Job 类似；Storm 中的计算组件分为 Spout 和 Bolt，与 MapReduce 中的 Map 和 Redudce 类似。Storm 与 MapReduce 不同的地方就在于 Spout 和 Bolt.Spout 不是像 Map 一样进行映射和获取存储好的数据，而是从指定的外部数据源中获取数据，转化为作业内部源数据，所以 Storm 系统通过 Spout 源源不断地获取源数据从而形成数据流。Bolt 是用来接受 Spout 或者其他 Bolt 的数据，从而执行用户需要的操作。

在 Storm 系统中，Nimbus 负责集群中的任务分配和状态监控，Supervisor 掌控所在的机器，根据主节点的指令来创建或者关闭 Worker。一个程序或者流程被主节点分配到各个从节点执行，每个从节点可以包含多个 Worker 工作进程，其中每个工作进程可以包含多个 Executor 线程，而每个 Executor 线程中有多个 Task 执行数据发送（Spout）或者数据处理（Bolt）任务，如图 1-11 所示。

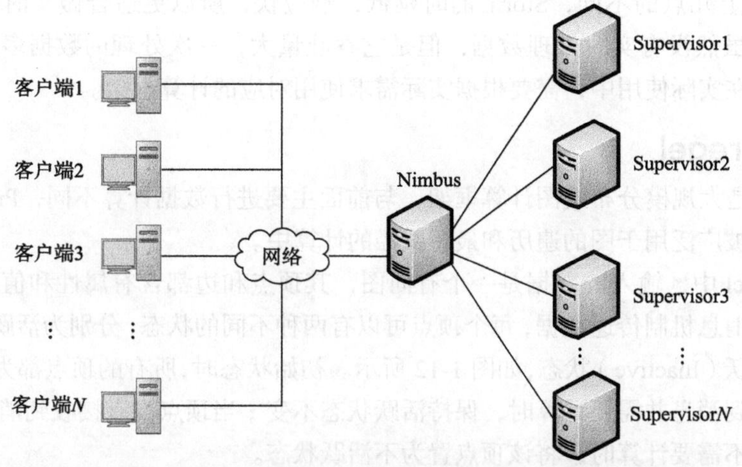

图 1-10　Storm 架构

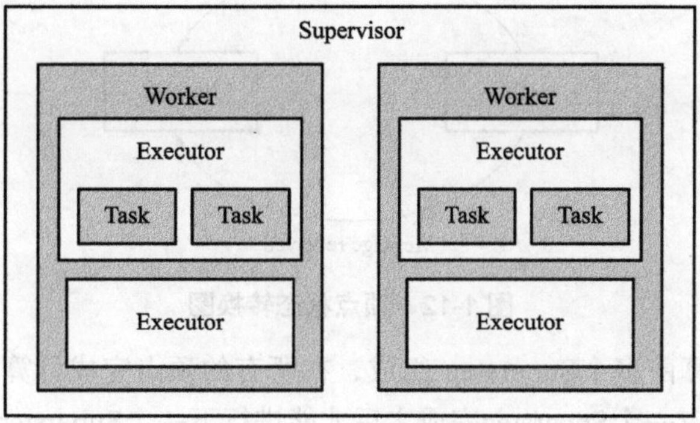

图 1-11　从节点的结构

在大致了解了 Storm 之后，Storm 与 MapReduce 的主要区别在哪里？为什么 Storm 可以进行实时数据处理，而 MapReduce 是进行离线批处理？下面从数据的角度解释这两个问题。

在数据获取阶段，Storm 是将获取的数据放到消息队列中，而 MapReduce 是将数据存放到 HDFS 中。Storm 会实时读取消息队列并开始计算，而 MapReduce 是存储了大量数据之后再将数据送入计算系统。

在数据计算阶段，Storm的进程是一直存在的，只要消息队列中一有数据就可以开始计算：而在MapReduce 中，其管理进程是对已经存储的大量数据开启计算进程，任务结束后又会关闭计算进程。并且，Storm的计算单元之间的数据是通过网络直接传输，而MapReduce的中间结果需要写入HDFS，然后被后续计算单元读取。这样 Storm的计算就少了大量的磁盘读/写时延。

在计算完了数据之后，Storm 直接将运算结果展示出来，而 MapReduce 需要等待所有的计算任务完成并写入 HDFS 后，再统一展现。

因为以上几点的不同，Storm 的时延低，响应快，所以更适合做实时数据处理。MapReduce 虽然没有实时处理数据，但是它吞吐量大，一次处理的数据多，适合做离线批处理。在实际使用中，需要根据实际需求使用对应的计算框架。

四、Pregel

Pregel 是大规模分布式图计算框架，与前面主要进行数据计算不同，Pregel 主要用于图计算，被广泛用于图的遍历和最短路径的计算中。

在 Pregel 中，输入的数据是一个有向图，其顶点和边都含有属性和值。顶点与顶点之间通过消息机制传递数据，每个顶点可以有两种不同的状态，分别为活跃（Active）状态和不活跃（Inactive）状态，如图 1-12 所示。初始状态时，所有的顶点都为活跃状态；当顶点接收到消息并需要计算时，保持活跃状态不变；当顶点没有接收到消息或者接收到消息但是不需要计算时，将该顶点置为不活跃状态。

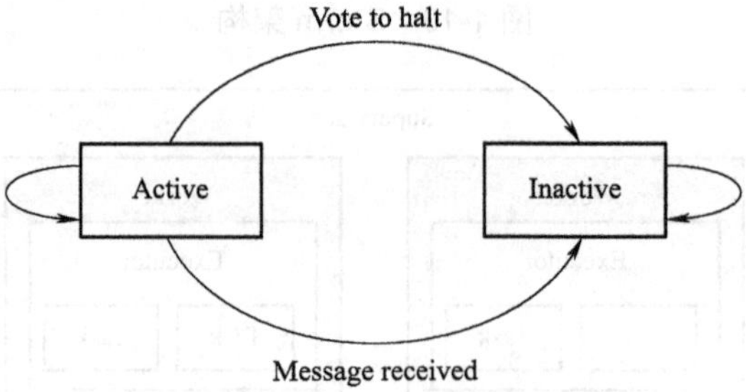

图 1-12　顶点状态转换图

Pregel的图计算由多个Superstep 组成，在所有的顶点完成计算之后才算完成一个Superstep，而且只有一个Superstep完成之后才能进行下一个Superstep。每一个Superstep的计算过程如下：

（1）获取初始图数据，完成初始化。

（2）每个节点置为活跃状态，沿着图中的边向周围的顶点发送消息，该消息包括自身的状态数据以及出边的状态数据。

（3）顶点获取所有接收到的消息得到数据，并根据定义好的函数计算数据，更新自身状态。当顶点没有接收到消息或者接收到消息但是不需要计算时，将该顶点置为不活跃状态。

（4）活跃状态的顶点继续向周围顶点发送消息。

（5）当所有的顶点都是不活跃状态并且没有任何消息发送时，计算结束；否则，进入下一个Superstep，进行步骤（3）。

Pregel 的出现进一步丰富了大数据处理的生态系统，有了 Pregel 之后，许多实际应用中涉及的大型图计算（如社会关系图等问题）就有了更高效的计算。在实际应用中，经常需要将多种不同的计算框架结合起来以便满足不同的需求。例如，在一个网购应用中，需要使用流式计算来实时处理用户的数据并推送用户可能需要购买的产品广告，也需要离线批处理来计算所有用户一个月或者一年的消费总额，同时还需要使用图计算框架来计算用户与用户之间的关系，形成完整的用户关系图。

第四节　大数据查询技术

随着这些大数据处理技术越来越流行，会带来一个新的问题：习惯了用传统数据库和SQL的用户和数据分析人员怎么操作数据？当然，可以学习那些数据处理框架，通过编写Java程序来达到目的。但是，对于大量的用户来说，学习几种全新的框架未免过于麻烦，况且大多时候他们并不需要进行复杂的数据操作，而往往只需要从海量的数据存储中查询出所要的数据。在这样的需求下，就出现了基于各种计算框架的查询技术，下面介绍其中常用的几种。

一、Hive

为了让更多的人使用 Hadoop,完成大量的日志分析,开发出了 Hive 数据仓库工具。Hive 构建在 MapReduce 之上，将结构化的数据映射为数据库表，提供了类似于 SQL 的查询功能。它的本质是将用户的 HiveQL 查询语句解析成一个或者多个 MapReduce 任务，通过完成 MapReduce 任务来完成 SQL 查询。因为查询语句的解析以及 MapReduce 任务的完成对 Hive 用户都是透明的，所以使用户的学习和使用成本大幅降低。习惯了使用传统数据库和 SQL 的工作人员也可以快速学习并掌握 Hive，完成对系统中海量数据的查询和简单操作。

在实际生产开发中，即使熟悉使用 Java 的工程师，也会优先使用 Hive，因为 Hive 非常精简而且易于维护。有这样一种说法，在实际开发中有 80% 的操作都是由 Hive 完成的，只有剩下的 20% 才会由 MapReduce 完成。

Hive 的架构如图 1-13 所示，Hive 客户端可以通过命令行（CLI）、网页界面（HWI）或者 Thrift Server 提供的 JDBC/ODBC 方式使用 Hive，用户通过以上接口提交 HiveQL 查询指令，在 Driver 模块接收指令后解析成一个或者多个 MapReduce 任务交给 YARN，由 YARN 完成剩下的工作，最后将 MapReduce 的结果返回到用户接口。Hive 的出现极大地降低了工作人员的学习成本，也减少了大量 MapReduce 编码的时间，提高了开发过程的效率。

二、Pig

Pig 是操作 Hadoop 的脚本语言。虽然 MapReduce 简化了分布式编程的过程，但是编写 Mapper 和 Reducer 后再打包提交到集群上仍然是一个复杂的过程。与 Hive 诞生的目的一样，Pig 也是为了简化 MapReduce 的使用。

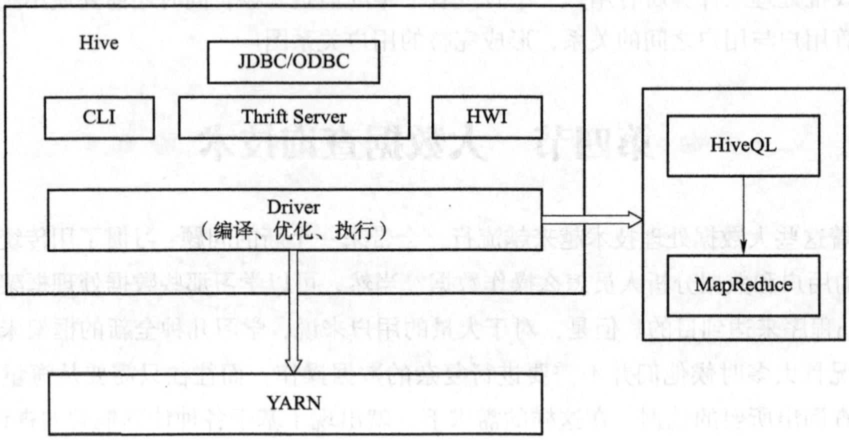

图 1-13　Hive 架构

与 Hive 一样，Pig 处理的流程也是将用户提交的简单的查询脚本转换成 MapReduce 任务之后执行。与 Hive 不同的是，Pig 不是一个类似于 SQL 的语言，但是 Pig 比 Hive 更加轻量化，也更加灵活，可以更加方便地嵌入到其他应用程序中。

由于 Hive 和 Pig 都是基于 MapReduce 工作的，而 MapReduce 又会带来大量的延时，所以 Hive 和 Pig 都无法进行低延迟的查询。

三、Spark SQL

Spark SQL 的前身是 Shark。前面介绍的 Hive 和 Pig 都是基于 MapReduce 工作的查询工具，但是 Spark 处理框架上却没有类似使用简单的查询工具。为了更好地与 MapReduce 竞争，加州大学伯克利分校很快开发出了一款名为 Shark 的查询工具。Shark 大量借用了 Hive 已经完成的工作，可以近似认为地 Shark 只是把 Hive 的物理执行从 MapReduce 改成了 Spark。Spark 的计算速度远快于 MapReduce，基于 Spark 的 Shark 查询速度相较 Hive 提高了 10~100 倍。

跟 Hive 一样，Spark 一推出就受到很多人的喜爱，也让更多的 Spark 使用者越来越频繁地使用。于是，加州大学伯克利分校就着手开发了一款完全独立的、属于自己的查询工具，这就是现在的 Spark SQL。

Spark SQL 对 SQL 语句的处理和关系型数据库类似，即词法 / 语法解析、绑定、优化、执行。Spark SQL 会先将 SQL 语句解析成一棵树，然后使用规则（Rule）对树进行绑定、优化等处理过程。Spark SQL 由 Core、Catalyst、Hive、Hive-ThriftServer 四部分构成，以前 Shark 中依赖 Hive 的语法解析和逻辑执行计划生成，现在都交给了 Catalyst 代替。Catalyst 不仅能完成这些功能，而且在其中进行了大量的优化，使得 Spark SQL

在速度上进一步提高。Spark SQL 还扩展了接口，除了支持 Hive 数据的查询，也支持将 RDD、JSON 和 MySQL 等数据格式加载后进行查询。

第五节 大数据分析技术

在处理完数据之后，目的是要将处理之后的数据变成对我们有用的信息，这就涉及大数据分析技术。在大数据分析领域，出现了很多新兴的词汇，如数据分析、数据挖掘、机器学习和深度学习等，由于这些词汇概念模糊又容易混淆，所以下面先解释这些词汇的意思以及它们之间的区别。从广义上来讲，任何对数据的分析行为都称为数据分析，所以数据挖掘也是一种数据分析，而一般说到的数据分析指的是狭义上的数据分析。数据分析就是根据分析的目的，用统计分析的方法来分析获取的数据，从中提取有用的信息。这其实就是一个通过数据浓缩提炼得到结论的过程。数据挖掘是指从大量的数据中，通过机器学习等挖掘方法，找出隐藏在数据中的规律。

大数据处理与分析技术是随着数据量急剧膨胀而产生的从海量数据中提取有效信息的方法。本节对现有的大数据处理与分析技术进行综合介绍，以帮助读者快速掌握如何从海量数据中提取有价值的信息。

一、大数据计算框架

大数据由于具有海量性、多样性等特征，计算方式也区别于传统的数据计算，采用的是分布式计算框架。根据其在数据存储及计算速度等方面的不同，大数据计算框架可分为离线计算和实时计算两种类型。

（一）大数据离线计算

Hadoop 的出现，一方面使用 HDFS 解决了海量数据存储的问题，另一方面使用 MapReduce 解决了海量数据分布式计算的问题。当然，MapReduce 是离线计算框架，仅支持离线计算，但也解决了企业大部分的应用场景，在大数据项目开发过程中离不开离线计算。除了 MapReduce 支持离线计算，Hive、Spark Core、Spark SQL、Flink DataSet 等技术也支持离线计算。因此，大数据工程师需要掌握 MapReduce、Hive、Spark Core、Spark SQL、Flink DataSet 等大数据离线计算技术。

（二）大数据实时计算

离线计算解决了大数据批处理的应用问题，但随着社会的发展，企业和用户对服务的响应速度要求越来越高，离线计算难免存在数据反馈不及时的情况，很难适应越来越多的急需实时数据做决策的应用场景，所以实时计算就得到了快速的发展。大数据发展至今出现了很多实时计算框架，当前比较流行、企业使用较为广泛的实时计算模型有 Spark Streaming 和 Flink DataStream。因此，大数据工程师需要掌握 Spark Streaming、Flink DataStream 等大数据实时计算技术。

二、文本数据处理与分析

文本数据处理与分析主要包括文本数据预处理、文本数据特征提取以及基于机器学习等算法模型的文本挖掘。首先，由于文本信息中往往存在较多冗余，文本数据预处理的目的就是去除文本中无效的噪声。其次，文本数据特征提取的目的就是应用各种技术将非结构化的文本数据转换为词向量。向量中的元素通常是数值，表示每个单词在文本中的特定权重，可以是单词频率、是否出现（0/1）或其他权重。最后，基于机器学习等算法模型的文本挖掘即基于文本数据特征，利用机器学习等算法模型，从数据中获得有意义的模式，最终服务于商业智能及探索性、描述性、预测性分析。文本分析中常见的技术和算法包括文本分类、文本聚类、文本摘要、情绪分析、实体提取和识别、相似性分析和关系建模等。

三、图像数据处理与分析

图像处理是指通过对图像中的像素灰度值进行处理和变换，它可以增强用户感兴趣的区域，达到提高图像视觉效果目的。例如，通过图像灰度值变换，重点突出某些感兴趣的特征，可以引起用户视觉关注点的变化。基于此，企业在设计广告牌时常采用相应的图像处理技术，以吸引更多人。图像处理主要包括图像滤波与去噪、图像变换、图像增强、图像复原和图像编码。图像滤波和去噪主要用于去除图像中多余、不必要的干扰信息，以提高图像质量，是图像预处理中最重要的一步。图像变换是将图像从空间域转换为频域或时域，通过上述变换处理以简化图像处理的计算问题，有利于图像特征的提取。图像增强是为了提高图像清晰度，突出图像中有用的或用户感兴趣的部分，加强图像识别的效果。图像复原则是将退化及模糊图像的原有信息进行恢复，需要根据退化或模糊产生的原因采用不同的图像恢复方法，以达到清晰化的目的。图像编码也称为图像压缩，是指在保证图像不失真的前提下，对图像的数据和视觉冗余进行压缩，以减小描述图像的数据量、简化图像的表示方式。

四、音频数据处理与分析

简单来说，数字化的声音数据就是音频数据。声音以声波的形式在空气中传播，根据声波的特征，可以把音频分为规则音频和不规则音频。其中，不规则音频就是人们常说的噪声，而规则音频则可以表示为连续变化的模拟信号，即音频信号。作为一种信息载体，音频信号又可以分为三类：语音（Speech）、音乐（Music）和环境声（Environmental Sounds）。

语音指人通过发音器官发出的具有一定社会意义的声音。音乐是以声音为表现手段的一种艺术形式，它通常是人类情绪的载体，可以分为声乐和器乐两大类型。环境声即除了语音和音乐之外的其他具有一定规律性的声音，包括机器运转的声音、动物发出的声音等。相比于环境声，语音和音乐的重要特点就是它们携带了更多的语义信息，如语音可以传递思想，音乐可以传递情感等。因此，目前与音频相关的研究大多都集中于解决语音和音乐的识别及分类问题上。音频信号的处理和分析通常包括信号观测、信号表示、信号变换、信号利用四个步骤。

信号观测是指采集音频数据并将其转换为计算机可以处理的形式，一般包括采样、量化、分帧、加窗等步骤。音频信号是一维模拟信号，其时间和幅度都是连续变化的。为了使用计算机对音频信号进行处理和分析，就要先进行采样和量化，将模拟信号变成时间和幅度都离散的数字信号。简单来说，采样就是按一定的规律采集模拟音频信号中某一时刻的状态。相邻两个采样点之间的间隔称为采样周期，采样周期的倒数称为采样频率。采样频率越大，得到的离散信号对实际模拟信号的还原度就越高，但相应的数据量也越大，处理起来就越困难。采样使得模拟信号在时域上拥有了离散的形式，但在幅度上还保持着连续的特点，因此还需要再进行量化操作，将整个信号的幅度值近似为有限多个离散值，从而真正实现模拟信号到数字信号的转换。此外，音频信号通常是非稳态信号，但在较短的时间范围内可以认为它是处于稳态（或称准稳态）的。这就是音频信号的短时平稳假设。由于计算机在进行信号处理时不可能对无限长的信号进行测量和运算，因此就需要在短时平稳的假设下，通过分帧和加窗得到短时的音频信号。具体操作时通常选定一个长度有限的窗函数来截取音频信号，形成分析帧。不同窗函数的选择会影响后续音频信号分析的结果。以帧长（即窗函数的长度）为例，帧长太短会导致一顿信号中包含的信息量太少，使得后续的分析失去意义；帧长太长又会导致无法获得稳态信号，影响特征提取。因此，窗函数的选择是非常重要的，需要结合音频信号的具体内涵进行决策。

信号表示是指通过绘制波形图等方法对音频信号建立初步认识。波形图的绘制是音频研究中最基础的方法，可以较为直观地展示音频的重要特性，如振幅、频率等。由于音频信号是随时间变化的，因此时域波形图是音频信号的最直接表示方法。在绘制音频信号的时域波形图时，通常以时间为横轴，以幅度为纵轴。这里通过一个例子来说明携带不同情感的音乐之间的差别是如何体现在音频信号的时域波形图上的。我们对一首传递情感较为兴奋热烈的纯音乐片段和一首传递情感较为平静柔和的纯音乐片段，进行了时域波形图的绘制。可以发现，兴奋热烈的音乐片段波形起伏剧烈，有较大且快速的能量变化，体现出较强的音乐节奏感；平静柔和的音乐片段波形的包络线则整体相对平稳，没有很大波动，表明该段音乐的节奏相对平稳缓慢一些。

信号变换是指有目的地通过傅里叶变换等方法对音频信号进行处理，以方便更进一步的分析和计算。一般来说，信号都是随着时间的变化而变化的，但要深入理解信号的本质，就需要从多个角度研究信号的不同表示方式。时域分析和频域分析是信号分析的两种主要方式。对音频信号来说，频域分析比时域分析传递的有效信息更多。在绘制音频信号的频域波形图时，通常以时间为横轴，以频率成分分布为纵轴，并用颜色表示对应时刻的对应频率分量的能量大小。同样以两个音乐片段为例，从频域波形图来看，兴奋热烈的音乐片段波形在时间维度上具有明显的片段式分隔，各频率分量在短时间内的能量由大变小再由小变大（即图上颜色由深变浅再由浅变深），说明该音乐片段有较强的节奏感。相对的，平静柔和的音乐片段波形没有明显的片段划分，各频率分量的能量在时间维度上比较平稳。

信号利用是指通过特征提取等方法提炼出音频数据中蕴含的有意义的信息。这是音频信号处理和分析的最后一步，也是最关键的一步。通过提取特征来表现一段音频信号的关键特质并将其应用于管理实践中，才能真正发挥音频数据的价值。

五、视频数据处理与分析

视频数据是由一组连续的图像序列和音频数据构成的一种数据类型。根据层次结构划分，视频数据包括帧、镜头、场景和故事。帧是组成视频数据的最小单位，即一张静态的图像，因此对每一帧的分析可以参考图像数据的处理方法来进行。镜头是由一系列帧组成的视频单位，一段镜头通常描述了一个事件，由一次连续的摄像机操作拍摄而成，有摇镜头、移镜头、推拉镜头、跟踪等形式。场景是由多个相似性质的镜头组成的视频单元，这些镜头的拍摄角度和手法可能不同，但共同描述了某个环境下的某个主题。视频是指整个视频文件，是由多个场景构成的一个故事情节，具有叙事性。

视频数据处理与分析的挑战性在于视频数据除了具备一般大数据的典型特征外，还具有数据量更大、维度更高、结构化表征更复杂等问题。具体来说，首先，视频数据的数据量比文本数据、图像数据的数据量大约 7 个量级，即使是一小段视频数据，所需要的存储空间也比字符型数据大得多，即使经过压缩，数据量依然很大。其次，视频数据具有时空二重性，相较图像数据增加了时间属性，场景间的关系复杂，对分析模型在维度上提出了更高的要求。最后，视频数据信息内容丰富，相比文本、图像、音频数据具有更高的多样性和更丰富的内涵，能够表达其他媒体无法表达的信息，所传递的信息量更大，因此结构化表征视频数据需要的特征结构更加复杂。

在全局特征的提取中，摄像机运动特征的提取可以采用镜头聚类、镜头边界检测、镜头突变双重比较等方法。不同的方法能够获取到的摄像机运动特征不同，因此通常会结合多种方法来提取特征。块运动特征需要解决子块匹配问题，常用灰度匹配算法、二维对数法、菱形法等。慢特征的提取主要依靠慢特征分析方法。

局部运动特征中的动作模板特征的提取方法有动作三维标本、剪影能量图、剪影历史图、剪影重构形状、运动能量图和运动历史图等方法。光流特征的提取可以通过全局优化时空窗内视频像素的梯度累加和得到，也可以使用主成分分析方法。时空联合特征的提取方法有多尺度高阶梯度特征法、光流方向直方图特征法、梯度方向直方图特征法和三维梯度方向直方图特征法等。在提取运动特征时，有基于 CNN 扩展网络的方法、三维卷积核法（如 C3D）、双路 CNN 法及基于 LSTM 的方法等。

第六节 数据可视化技术

数据可视化是关于数据视觉表现形式的技术，它旨在借助图形化手段清晰有效地传达和沟通信息，是科学可视化与信息可视化的统一。当前，数据可视化在教学、科学研究和统计分析等方面的应用极为广泛，已成为人工智能和大数据分析的基础内容之一。

数据可视化（Data Visualization）是一种利用计算机图形学和计算机视觉等相关技术将数据以图形的形式显示出来，并通过图形展示出数据中隐藏的信息的一门技术。

数据可视化的目的是，通过对数据进行可视化处理，从而可以更简单、精确、有效地传递信息。相对于枯燥乏味的数值、复杂的数据结构和类型，人们能够更好、更快地识别图形的形状、位置、大小、色彩等信息。因此，通过数据可视化得到的图形能够加深对数据的认识、理解与记忆，使信息更容易准确地传播。

数据可视化的作用是表达观点，然后才会考虑图形设计，有了合适的可视化图形，即使面对没有技术背景知识的大众，也能使其读懂图形中隐藏的重要信息。

一、数据可视化的流程

在进行数据可视化之前，可以提几个问题。当前有哪些数据或者能获取到哪些数据？在这些数据的基础上想达到什么目的？通过数据可视化是否达到了目的或者收获了数据中意外的价值？

带着这几个问题，看一下图 1-14 所示的数据可视化的探索流程。进行可视化之前，首先需要做的就是数据的准备，当没有拿到足够的预期数据时，必须先想办法拿到所有预期的数据，在拿到了足够的预期数据之后，需要明确自己的目标，也就是希望从这些数据中获取什么信息；接着需要使用数据可视化的技术将海量的数据用形象生动的图形展示出来，例如，用折线展示趋势、用饼图展示占比、用热力图展示最受欢迎的旅游景点等；最后，需要看能否根据可视化的结果达到最初的目的，当然也很有可能发现意想不到的、有价值的信息。

二、数据可视化的工具

得益于数据可视化在社会各方面的大量需求，目前市场上的数据可视化工具百花齐放，有基于 JavaScript 的 ECharts、HightCharts 和 D3.js，基于 PHP 的 jpGraph，基于 Java 的 Processing，基于 Python 的 NodeBox，也有无须编程的 Tableau 和 Raw。正因为有了各种各样的数据可视化工具，方便了使用各种编程语言甚至不会编程的人们进行数据可视化，从而更好地发挥数据可视化的价值，让数据可视化更好地为人们服务。数据可视化工具旨在提供更简单的方法来降低人们进行数据可视化的门槛，但是如果有一定编程基础，可以更加灵活地写出更好的作品。所以，最终在选用数据可视化工具时要根据具体的情况选择使用哪一款工具。

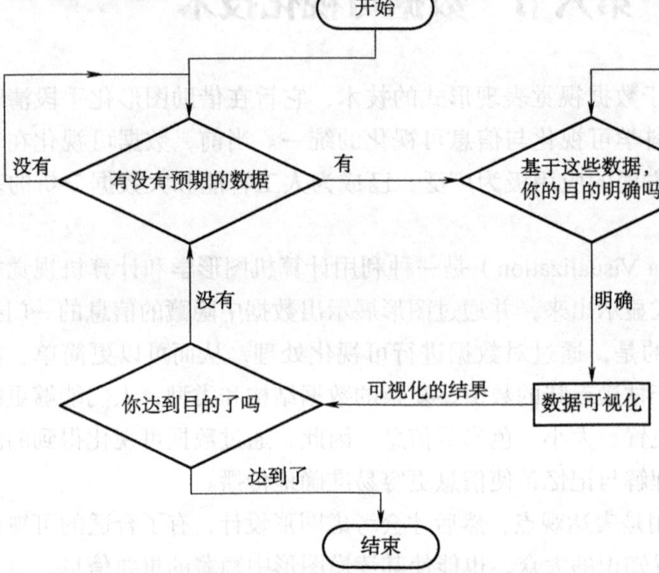

图 1-14　数据可视化的探索流程

这里简单介绍 ECharts 这个数据可视化的工具。ECharts 是百度开发的一款基于 Can-vas 的纯 JavaScript 图表库，是完全开源免费的。而且，ECharts 的使用也非常简单，只要会 JavaScript 的人都可以快速上手使用。虽然 ECharts 非常轻量，完整的 ECharts 也只有几百千字节，但是 ECharts 的功能非常强大，它几乎包含所有能用到的图表类型，同时具有强大的交互能力，可以进行大数据量的展示。

ECharts 由数据驱动，其加载和展现动态数据也非常简单。此外，ECharts 还具有良好的兼容性，可以在绝大部分的 PC 端和移动端的浏览器上运行。

第二章 人工智能技术

人工智能（Artificial Intelligence，AI）是计算机学科的一个分支，主要研究计算机模拟人类的智能行为。其研究方向是创造出“智能”的机器或者程序能够在某些方面使用和人类相同的方式进行思考、交流和行动。真正能像人类那样可以独立而广泛地进行思考的智能机器目前尚未问世，但科学家们已经投入大量的人力和财力以开发这种新一代的计算机。人工智能与基因工程、纳米科学并列为 21 世纪三大尖端技术，是新一轮产业变革的核心动力，也是当前和未来发展的重要领域。

第一节 人工智能关键共性技术发展现状及趋势

一、人工智能关键共性技术发展现状分析

（一）计算机视觉图像质量改善技术发展现状

1. 图像增强

图像增强是指利用计算机或光学设备，借助图像增强算法，通过抑制图像中不需要的信息或噪声，增强图像对比度、层次感与细节，以及突出显示图像中的某些特性等，达到改善视觉效果，提高图像可判读性的目的。

目前，比较流行的图像增强技术有灰度变换、同态滤波、直方图修正和频域滤波。灰度变换技术的主要作用是增强图像对比度或突出显示某些特征，提高图像清晰度；同态滤波先将非线性噪声线性化，用线性滤波器抑制消除噪声后，再进行指数变换得到噪声抑制后的清晰图像；直方图修正分为直方图均衡化和直方图规定化，目的是拉开图像的灰度间距或使图像灰度均匀分布，增大反差，使图像细节更加清晰；频域滤波分高通滤波和低通滤波两种，图像中灰度级变换较缓慢部分对应于频域中的低频成分，而其边

缘细节以及图像的噪声等剧烈变化的部分则对应于高频成分。采用低通滤波方法可以使图像区域更加平滑；若要增强图像边缘细节，使图像更加锐化，则采取抑制图像的低频平滑部分，增强图像的高频部分。

2. 图像平滑

图像产生、传输、复制和处理过程中不可避免地会受到噪声干扰或者数据缺失，造成图像失真现象，这就需要对图像进行平滑处理，抑制干扰噪声，减小突变梯度，改善图像质量。从某种意义上来说，图像平滑的过程也是滤波的过程，甚至有平滑滤波法之说。图像滤波是在尽可能保留图像细节特征的前提下，抑制或消除图像噪声，图像滤波处理效果直接会影响后续图像处理的可靠性和有效性。一般来说，图像能量大多集中在幅度谱的低频段和中频段，高频段附近有效信息经常会被噪声所掩盖住或淹没，因此，平滑滤波主要就是用滤波器降低高频成分幅度，进而抑制噪声。平滑滤波是低频增强的空间域滤波技术，目的是模糊和降噪。最常见的滤波算法有均值滤波、中值滤波、高斯滤波和双边滤波。

均值滤波的思想很简单：先找到一个目标像素，然后以该像素周边八个像素的均值来代替其本身，是一种线性滤波算法。均值滤波算法对孤立点、噪声大的图像非常敏感，即使极少数像素点与周边像素点有较大差异，也会导致平均值产生明显的波动。中值滤波的思想与均值滤波相似，区别在于不是用周边像素的平均值代替像素本身，而是用周边像素灰度值的中值进行替代，是一种非线性滤波算法。中值滤波算法能在避免孤立噪声点影响高效滤除脉冲噪声的同时，最大可能保证信号边缘不被模糊处理。高斯滤波被广泛应用于图像噪声消除，它对高斯噪声的消除尤为有效。高斯滤波的思想是将每一个像素点都用自身和周边像素点的平均值进行替换，其实质就是对整幅图像进行加权平均处理，是一种线性滤波算法。高斯滤波对消除近似服从正态分布的噪声效果较好，缺点是可能会破坏图像边缘部分。双边滤波也采用加权法对像素与其领域像素进行处理，不同于其他滤波法的地方在于，双边滤波采用的加权计算法包括两部分：第一部分与高斯滤波的相同；第二部分是基于周边像素与中心像素的亮度差值的加权。双边滤波的优点在于可以做边缘保存，缺点在于对高频信息保留过多，以至于难以干净地滤除彩色图像中的高频噪声。

3. 图像编码和传输

视频设备采集的原始图像数据量都很庞大，占据很大的存储空间，就目前的通信基础设施而言，完全使用原始图像实现远程通信还不太现实。图像压缩编码就是在不失真的前提下，用尽可能少的比特数来表示图像，并能够确保复原图像的质量。随着信息技术的飞速发展，互联网已成为人们获取信息不可或缺的手段之一，这也对高质量视频、图像远程快速传输有了更多需求。对图像进行压缩编码很大一部分原因也是来自利用互联网实现高质量、高速度远程通信的要求。

原始图像数据普遍存在大量的空间冗余和时间冗余。空间冗余是指图像内各像素间是高度相关的，存在很大的冗余度，浪费很多比特数，造成图像占据较大存储空间。

例如，一幅非常规则的纯红色图像，光的亮度、饱和度和颜色都一样，这幅图像就存在很大的冗余，完全可以用图像中某个像素点的值（亮度、饱和度和颜色）来代替其他像素点，实现图像压缩；时间冗余度是指在一个图像序列的两个相邻图像间或前后帧之间存在较大关联，会造成闲置比特数过多，占据存储空间。例如，从电影片段中抽取连续两张静止画面，这两张画面基本一模一样，就完全可以用一张画面数据来代替另一张画面，实现100%压缩。

数据（静止图像、视频、音频）压缩流程分四步：准备、处理、量化和编码。准备是对数据进行D/A转换和生成适当的数据表达信息，之后利用复杂算法对数据进行压缩处理，经过量化（将连续信号变换成离散信号）和编码（将离散信号变换成与之对应的比特组合）后，对数据进行无损压缩。图像传输就是按照一定的要求对信源和信道进行处理后，远程传输图像的过程。信源处理是指在保证图像不失真的前提下，对图像信息量进行大幅压缩，使其适应信道的带宽和传输速率要求，分为模拟处理和数字处理两种；信道处理是指在受到各种干扰的情况下，保证图像数据沿信道正常传输和正确接收，包括信道均衡、失真或差错控制和调制，调制方法有模拟调制（AM、FM）和数字调制（2FSK、QPSK、16QAM）。

4. 图像锐化

当图像获取方法存在缺陷，或者处理数字图像过程中，平滑过渡或者传输失真造成图片质量降低、图像模糊时，可采取图像锐化的处理方法。图像锐化的目的是：（1）增强灰度反差和图像边缘，使图像变得更加清晰。（2）识别出目标区域或物体的边界，便于进行图像分割。图像平滑过程的均值处理会产生钝化效果，致使图像模糊。因此，可以考虑使用微分法锐化图像。让图像更加清晰。需要注意的是，图像锐化过程中，在边缘细节得到加强的同时，噪点也被加重。在实践中，为获得满意的锐化效果，往往会结合使用多种锐化处理方法。量化是将连续信号按照一定的规则用脉冲信号（即离散信号）近似替换的过程，编码则是将这些脉冲信号与比特（0，1）或者字节之间的映射关系。

5. 图像分割

图像分割是指把图像分割成具有特性的区域（灰度、颜色、纹理等），然后提取出感兴趣的区域(单个或多个)的技术和过程。主流的图像分割技术有串行边界分割技术、串行区域分割技术、并行边界分割技术、并行区域分割技术和结合特定理论的分割技术等。

（二）知识图谱关键技术发展现状分析

1. 复杂关系建模

根据对实体和关系刻画的精确和稳健程度，最近几年比较流行的知识表示模型的变迁历程为：结构表示模型（SE）→单层神经网络模型（SLM）或隐变量模型（LFM）→语义匹配能量模型（SME）→张量神经网络模型（NTN）→ TransE 模型，后续出现的模型对实体与关系的刻画更加准确、性能更高、效果更好，而复杂度却显著降低，是对前期模型的改进和完善。

TransE模型将知识库中的关系看作实体间的某种平移向量，与众多前期模型相比，TransE模型参数更少、计算复杂度更低、性能显著提升，而且能直接建立实体与关系间的复杂语义联系，已经成为知识表示学习的代表性模型，许多研究工作都是围绕其进行扩展和改进而展开，以克服原始TransE模型的局限性。例如，TransH模型让一个实体在不同的关系拥有不同的表示，克服TransE模型处理1-*N*、*N*-1、*N*-*N*复杂关系的局限性；TransR模型让不同的关系拥有不同的语义空间；TransD模型和TranSparse模型则对TransR模型中的投影矩阵进行优化处理，以解决实体的一致性和不平衡性，并克服TransR模型参数过多问题；TransG模型和KG2E模型则考虑到实体和关系本身语义上的不确定性，采用高斯分布来表示实体和关系；等等。

2. 基于深度学习的实体识别与实体链接

近几年，深度学习研究逐步深入，众多优秀的深度学习模型陆续用来解决实体识别问题，最流行的两种用于命名实体识别的深度学习架构是NN-CRF架构和滑动窗口分类思想。此外，深度学习方法也是确保实体链接任务有效完成的强力工具。目前，深度学习领域的热点研究方向是如何在深度学习方法中融入知识指导、考虑多任务之间的约束，以及如何将深度学习用于资源缺乏问题的解决等。

3. 事件知识学习

事件识别和抽取、事件检测和追踪，这两者的人物对象、着眼点和技术路线差异较大。事件识别和抽取研究热点集中在基于模式匹配的方法（基于人工标注语料的方法和弱监督方法）、基于机器学习的方法（基于特征的方法、基于结构预测的方法、基于神经网络的方法和弱监督的方法）和中文事件抽取；事件检测与追踪的主流研究方法集中在基于相似度聚类和基于概率统计两类。

4. 知识推理

知识推理的研究热点集中在基于符号的并行知识推理、实体关系学习方法和模式归纳方法三个领域。基于符号的并行知识推理可细分为基于多核、多处理器技术的大规模推理和基于分布式技术的大规模推理两个研究分支；实体关系学习法可细分为基于表示学习的方法和基于图特征的方法两个研究分支；模式归纳法可细分为基于ILP（Inductive Logic Programming，归纳逻辑程序设计）的模式归纳法、基于关联规则挖掘的模式归纳法和基于机器学习的模式归纳法三个研究分支。

5. 语义搜索和智能问答

语义搜索牵涉多个领域：数据挖掘、知识推理、搜索引擎、语义Web等，主要运用的方法是图理论、匹配算法、逻辑。新一代的主流语义搜索引擎中比较著名的有两个：Swoogle和Tucuxi。目前，语义搜索研究尚处于探索前行阶段，研究热点主要有引入推理和关联关系的语义搜索、语义搜索中的查询扩展、语义搜索中的索引构建等。

（三）AR / VR头戴显示设备技术发展现状

常规的 AR / VR 头戴显示设备由四种组件组成：头戴式显示设备（HMD）、主机系统、追踪系统、控制器。头戴式显示设备，俗称虚拟现实眼镜，AR / VR 效果正是由其呈现给用户。HMD 硬件通常包括以下组成部分：显示屏、处理器、传感器、摄像头、无线连接、存储 / 电池、镜片。前置摄像头是头戴式显示设备的必要组成硬件之一，主要功能是拍照、位置追踪和环境映射，有时用户也可以"看透"头戴显示设备，也有部分 AR 头戴显示设备采用内部摄像头来感知环境和周围目标。

AR/VR 头戴显示设备领域最重要的两项技术是图像质量提高和交互技术。图像质量提高依赖于光学系统技术的发展，也直接决定体验者视觉效果和体验度，而交互技术则是实现人机交互，增强体验者"沉浸感"的关键保障。

1. 光学系统技术

光学系统技术主要分为瞳孔成像技术和非瞳孔成像技术两类。瞳孔成像技术发展出的两条技术路线有偏心结构技术路线（偏心结构、自由曲面棱镜和自由曲面反射镜组三个阶段）和波导结构技术路线（全色体全息平板波导结构、表面微结构波导结构、半透膜阵列波导结构等各类光波导结构光学系统）。非瞳孔成像技术则利用半透半反镜、分光棱镜或者同时使用多个半透半反镜、分光棱镜。以减轻头戴显示设备的质量、改善成像效果，扩大光学系统的视场。

2. 眼动追踪技术

目前，AR/VR 头戴显示设备交互技术主要有声音控制、手势控制、头部控制、眼动追踪等，其中眼动追踪具有准确、灵敏、对身体造成压力较少等优点，是实现人机交互技术突破的重点。AR / VR 头戴显示设备眼动追踪技术有两条发展路线：接触式（眼电图法和电磁线圈法）和非接触式（双普金野图像法、虹膜巩膜边缘法、虹膜分析法、角膜巩膜反射法、瞳孔中心反射法等）。AR/VR 头戴显示设备眼动追踪技术主要应用于身份识别、凸显调节和目标选择三个领域。

（四）生物特征识别关键技术发展现状

目前，比较成熟的生物特征识别关键技术主要有生物特征传感器技术、活体检测技术、生物信号处理技术、生物特征处理技术和生物特征识别系统性能评价技术等。

1. 生物特征传感器技术

生物特征传感器的主要任务是采集生物特征（指纹、声纹、步态、虹膜等），并将其转换成计算机可处理的数字信号。常见的生物特征，如人脸、步态、指纹等，由 CCD（电荷耦合元件）和 CMOS（互补金属氧化物半导体）传感器就可采集到清晰图像，但要采集到细节清晰的虹膜和指静脉图像需要外加主动红外光源，而人脸识别技术则采用红外成像设备克服光照影响。主要的生物特征传感器核心技术有智能定位技术、机械控制技术、交互接口设计、光学系统设计、信号传输与通信技术和传感器电路技术等。

2. 活体检测技术

生物特征识别系统必须具备活体识别功能，活体检测技术就是判别系统接收到的生物特征是否来自有生命的个体。活体指纹检测技术要对手指的温度、排汗性、导电性等生物存活信息进行检测判别，而虹膜识别技术则要对虹膜震颤、瞳孔对光源强度的收缩扩张反应、睫毛和眼皮运动等生物存活信息进行检测判别。此外，基于生物特征图像的光谱学信息、人机互动等都可以对生物特征的活体特性进行有效检测。目前，活体检测技术发展并不成熟，尚存在一些漏洞，如伪造的指纹和人脸图像就可攻破识别系统等，这也是生物特征识别系统在高端安全应用领域被广泛应用的最大瓶颈之一。

3. 生物信号处理技术

生物信号处理技术由生物信号质量评价技术，生物信号的分割、定位技术和生物信号增强、校准技术等组成。

（1）生物信号质量评价技术：特征识别系统采集到的生物特征信息一般以视频流和音频流的形式进行存储。由于生物特征不明显、采集环境等原因所引致的采集信号质量不高问题经常存在，因此很有必要对采集到的数字信号进行质量评价，拒绝低质量的生物特征信号。目前，主要从以下几方面识别低质量生物特征信号并予以排除：增强识别算法的稳健性、采用高性能成像设备和设计高质量的质量评价软件。识别算法精度提高是有上限的，高性能采集装置价格昂贵，均不能从根本上解决问题。因此，设计质量评价软件具有重要意义。

质量评价软件对采集到的生物特征量化打分，按照量化指标将采集到的特征信号分为合格与不合格两类，以过滤掉不符合条件的生物特征，如模糊图像、遮挡图像、信噪比太低的信号等。

（2）生物信号定位、分割技术：定位和分割是基于生物特征方面的先验知识，如从图像中定位并分割人脸区域。虹膜定位基于瞳孔、虹膜和巩膜间的灰度跳变，并呈圆形的边缘分布结构特征；指纹分割基于指纹和背景区域图像块灰度方差的不同；掌纹定位基于手指间的参考点构建坐标系。目前，最先进的人脸检测方法是用 Harr 小波特征来描述人脸模式和用 AdaBoost 来训练人脸检测分类器，以此高准确率识别视频中的人脸图像。

（3）生物信号增强、校准技术：生物特征提取前需要对感兴趣的区域进行降噪、凸显等增强处理，例如，可以采用提高分辨率、逆向滤波等方法对指纹图像予以增强；采用直方图均衡化的方法提高人脸和虹膜图像对比度。此外，校准结果对识别精度有着举足轻重的影响，不同场景采集到的生物特征信号会出现平移、尺度和旋转等变换，采集过程也需要对信号进行校准。例如，采用主动形状模型和主动表现模型进行人脸图像对齐，也有特征校准伴随特征匹配过程。

4. 生物特征处理技术

生物特征处理技术包括表达、抽取、匹配、检索等技术。生物特征识别的根本在于选择身份识别特征和生物信号中最能凸显个性化差异的本质特征。就指纹识别而言，描述指纹特征的最佳表达方式是细节点——业界已经达成共识，国际上也制定有统一指纹特征模板交换标准，为不同厂商指纹识别系统间的数据交换和系统兼容性提供便利。而人脸、虹膜和掌纹等图像的特征表达形式多样（基于某种信号处理方法、某个计算机视觉或某个模式识别理论），业界尚未就其本质表达和有效表达达成共识，生物特征模板数据交换格式并未实现标准化和统一化，这也是未来需要努力研究的方向之一。

二、人工智能关键共性技术发展趋势

从人工智能发展历程来看，技术突破是推动产业升级的核心驱动力，数据资源、运算能力、核心算法共同发展，掀起人工智能第三次新浪潮。人工智能产业正处于从感知智能向认知智能进阶的阶段，前者涉及的智能语音、计算机视觉及自然语言处理等技术，已具有大规模应用基础。然而，后者要求的“机器要像人一样去思考及主动行动”仍尚待突破，与大规模应用依然有一定距离，需要在一些关键共性技术方面加大研究力度。

（一）基于学习和多视几何、分层三维计算机视觉发展趋势

1. 马尔计算视觉

马尔的计算视觉分为计算理论、表达与算法、算法实现三个层次，马尔认为算法实现对计算理论、表达与算法并不会产生大的影响，而且他还认为大脑的神经计算和计算机的数值计算并没有什么区别，因此，主要研究集中于计算理论和表达与算法这两部分。目前，虽然科学认为大脑的神经计算和计算机的数值计算很不相同，但这并未对马尔计算理论的本质属性产生什么影响。

2. 多视几何和分层三维重建

20 世纪 90 年代，两个因素促使计算机视觉逐步繁荣：一是基于计算机视觉工业化应用瞄准对精度和稳健性不太高的视频会议；二是考古视频监控等领域和多视几何理论下的分层三维重建能显著提高三维重建的精度和稳健性。

不过，鉴于三维重建所要求的惊人数据量，重建流程人工难以完成，必须实现全程自动化，以及算法和系统具有高度稳健性才行。在保证三维重建稳健性的同时，提高重建效率，这项技术在目前也是一个挑战。

3. 基于学习的视觉

在当下深度学习、智能学习、机器学习等概念大为流行的情势下，基于学习的视觉就比较好理解，它是以机器学习为主要技术手段的计算机视觉研究。

按照理论提出时间的先后划分，基于学习的视觉可以分为 21 世纪初期以流形学习为代表的子空间法和目前以深度神经网络和深度学习为代表的视觉方法。

4. 前端智能化、前后端协同计算和软硬件一体化

前端智能化、前后端协同计算和软硬件一体化，将成为未来计算机视觉技术发展的趋势，具体作用为：①应用场景对实时响应的高要求，将推动前端计算处理能力大幅度提升；②前端智能与后端智能协同可满足特定场景对隐私性、实时性的要求；③软硬

件融合一体化方案是解决不同应用场景复杂问题的关键。能够在前端硬件设备上嵌入算法模型，可实现更快速、更高精度的数据处理，让用户更直接地应用视觉识别技术。

5. 主动视觉

主动视觉需要研究脑皮层高层区域到低层区域的反馈机制，随着生物科学（脑科学和神经科学）技术的逐步发展，主动视觉技术与生物科学的融合发展，也是未来有可能发生革命性突破的技术发展方向之一。

6. 计算机视觉技术

识别真实世界中较为复杂的图像内容的计算机视觉技术，与互联网技术、社交媒体技术等其他计算机技术的融合发展，以及深度学习和卷积神经网络给计算机视觉领域带来的革命性突破，都是未来计算机视觉技术可能实现技术突破的发展趋势。

（二）知识图谱关键技术未来发展趋势

1. 知识表示学习

知识表示学习的未来发展方向：面向不同类型的知识表示学习、多源信息融合的知识表示学习、考虑复杂推理模式的知识表示学习、面向大规模知识库的在线学习和快速学习、基于知识分布式表示的应用。

2. 实体识别与链接

按照目前研究现状和发展态势，实体识别与链接未来发展方向应是：融合先验知识的深度学习模型、资源缺乏环境下的实体分析技术、面向开放域的可扩展实体分析技术。

3. 事件识别和抽取

2013 年以来，基于神经网络的事件抽取成为研究热点，为事件抽取任务的提升带来新的契机，主要研究方向：①分布抽取到联合抽取；②局部信息到全局信息；③人工标注到半自动生成语料。因此，深入研究如何在减少人工参与的情况下获得更好的事件抽取效果是未来发展的趋势，而非参数化、放宽对话题数目的限制，以及多数据流共同建模，有效利用不同数据间的共同信息是事件检测与追踪方面未来可能的发展趋势。

4. 知识推理

近些年，基于符号推理和统计推理的知识推理技术已经取得很大的进展，特别是在逻辑推理方面取得一系列理论和系统上的进展，但这些知识推理技术距离实际应用尚有一定的距离，还有以下一些问题需要解决：①知识图谱表示缺乏统一的方法和实用的工具；②提高基于表示学习的推理精度、将更加丰富的信息形态与表示学习模型相结合、提高图特征的抽取效率、突破知识图谱的联通性壁垒以抽取更加丰富的图特征，以及设计界面友好、易扩展的模式归纳工具等。

5. 语义搜索和智能问答

未来语义搜索研究方向将向以下几个方向扩展：语义搜索概念模型、语义搜索本体知识库的构建、维护与进化、语义搜索的推理机制、语义搜索的结果排序和语义搜索的原型系统实现。

（三）基于深度学习的生物特性识别多元化发展趋势

1. 生物特征识别技术多元化发展

目前，指纹识别技术以其稳定性、成熟性，一直是生物特征识别领域的热门应用，但其最大的缺陷是容易被复制，这也限制其在较高安全级别领域的大范围应用。一个明显的发展趋势是人脸识别技术与三维成像技术相结合，以克服二维成像技术因光照和姿势不稳定而造成的图像质量不佳问题，提高人脸识别的可靠性和准确率。当然，三维成像技术尚未成熟，但其卓越的识别性能已经吸引大量著名科技公司和科研机构加大研发攻关力度。

2. 多生物特征相融合技术

由于识别环境的多变性、复杂性，单一生物特征识别技术往往会遇到难以克服的棘手问题。例如，指纹识别面临高清晰度的指纹采集识别问题，冬季指纹干燥也会造成识别失败，且单一生物特征识别无法满足许多安全性要求较高的应用领域的身份认证要求。多生物特征识别技术利用多个生物特征信号，并结合数据融合技术，在提高识别准确度的同时，扩大识别系统应用范围、降低识别系统风险，是未来特征识别技术发展趋势之一。

3. 深度学习技术在生物特征识别领域的应用

深度学习技术比传统的机器学习算法有更强大的数据拟合能力，已经成熟应用于语音识别，人脸识别和计算机视觉等领域。深度学习算法需要大量的测试数据来保证深度学习算法的良好推广性。

第二节 知识图谱

一、知识图谱的关键构建技术

（一）本体匹配知识融合

本体匹配知识融合是指将来源于多个数据源的知识进行融合，达到相互补充并且去重的效果。这其中最关键的技术为本体匹配，又称本体对齐、实体对齐、Record Linkage、Entity Resolution 等，本质工作都是将几个多源本体进行融合。

实际工作中，本体匹配需要克服数据杂乱以及数据规模大两大挑战，其一般工作流程如下：

（1）数据预处理：由于原始数据多源且量大，往往存在噪声、数据格式不一致等问题，需要进行大量的清洗及正则化工作，如过滤无用的符号、统一数据格式、统一数据表达方式等。这项任务虽然枯燥，却是决定最终匹配效果的关键。

（2）数据分组：知识图谱中的实体往往是上万甚至百万级别的，通过两两比较的方式去判断是否为同一实体不切实际。因此，基于粗粒度算法预先对数据进行分组是必要流程，目标是组内的实体越相似越好，并且组的规模不能太大。可以利用知识图谱本身蕴含的一些有助于分门别类的信息进行分组，也可以利用一些机器学习方法进行聚类。

（3）相似度计算：分好的组中包含了可能是同一实体的数据，首先针对实体的属性进行相似度计算，接着基于属性相似度计算实体相似度。属性相似度计算存在多种方法：根据属性类型的不同可以选择如编辑距离计算、集合相似度计算、基于向量的相似度计算等。接下来，可以根据属性相似度进行加权平均计算实体相似度，或者基于聚类的算法找到同一实体的集合。

在实践中，利用现有工具可以简化匹配工作，比较常见的有 Falcon-AO、Limes、AS-MOV、AgreementMaker、Anchor Flood、SAMBO 等实体匹配系统。

（二）实体链接自然语言表达

实体链接自然语言表达存在两大特性：①多样性——同一意义有不同表达方式；②歧义性——同一表达存在不同意义。

实体链接（Entity Linking）的目的便是为了解决以上问题，将自然语言中的文本与知识库中的条目进行链接，具体操作是指将文本中的实体指称（也称实体提及）映射到给定的知识库中的实体。实体链接的关键技术有如下三方面：

（1）引用表构建：存储文本中实体指称所有可能指向的实体，用于进一步的数据挖掘。

（2）实体知识构建：对知识库中实体的相关知识进行总结，主要包括实体知名度，即某实体为人所熟知的程度以及传播范围；实体上下文，特定实体语境的规律性；实体语义关联度，捕捉实体间的语义关系，因为相关实体更易同时出现；实体相关主题。

（3）链接推理算法：综合引用表以及知识进行知识链接的决策过程，这里可以应用的方法多种多样，可以基于概率生成模型、主题模型、图模型、无监督学习、深度学习等多种方法进行推断，其本质都是对实体知识以及实体指称所在的语境进行建模，以此推测最优的实体对象。

目前，在实体链接方面的研究已经达到了比较成熟的水平，但是在某些方面还需要进一步探究，例如，如何在缺少语境信息的情况下进行链接；对于表达个性化、较长的实体如何识别；能否基于现存的知识库发现而非抽取更多的实体对象等更复杂的情形。

（三）知识推理

推理是指按照某种策略从已知信息出发推出结论的过程，是人的基本智能之一。关于推理的理论研究最早可追溯至古希腊哲学家亚里士多德有关三段论（Syllogism）的理论。

另外，推理根据推断途径可大致分为以下三方面：

（1）归纳推理（Induction）：从特殊到一般，即从一类事物的大量事例出发推出该类事物的一般性结论，是增值新知识的过程，例如由“金受热后体积膨胀、银受热后体积膨胀、铜受热后体积膨胀”推理出“金属受热后体积膨胀 "。

（2）演绎推理（Deduction）：从一般到特殊，即从一般性的前提出发，经过推导，得出具体某个结论的过程。此结论实质上已蕴含在前提中、演绎推理只是揭示知识而非补充。三段论就是经典的演绎推理，由大前提、小前提引申出结论。

（3）默认推理：指在知识不完全的情况下，通过假设某些条件已经具备而进行的推理。

在知识图谱领域，知识推理也是一项关键技术，例如，可应用于知识库的补全从而建立更全面的知识库，在知识问答方面也需要在基于知识图谱的同时具备推理能力。面向知识图谱的推理既融合了传统的推理方法，又基于一些机器学习方法发展出独有的推理方法，可分为以下几种：

（1）基于规则的推理：根据传统知识推理中的规则推理方法，应用简单规则或统计特征在知识图谱上进行推理；或者利用更为抽象化的本体层面的信息组织形式，把隐含在显式定义中的知识提取出来。基于规则的方法准确率高，但是设计过程比较烦琐，并且难以跨领域推广。基于分布式表达的推理：首先将知识图谱中的三元组及需要推理的知识都进行低维向量化表示（类似于将词转化为词向量），接着可以基于位移距离模型（基于距离进行评估）、语义匹配模型（基于相似度进行评估）等衡量所推理的知识是否成立。此方法简单有效，但是考虑的层面比较浅，未能结合更深层次的语义信息。

（2）基于神经网络的推理：对已知的知识向量化表示作为神经网络的输入，输出为相应的标签，例如输入一个三元组、输出为关系成立，输入两个实体、输出为某某关系等。训练好模型后，便可以将候选知识信息输入模型，由模型来推断结果，例如输入某候选三元组，判断其是否成立。此方法虽然泛化能力比较强，但是可解释性比较弱。

（3）混合推理：顾名思义，是结合多种方法进行推理，优势互补。通常是以某种方法为主，另一种方法为辅的策略，但是更深层次的混合模型还有待研究。

就目前而言，知识推理的研究还处于初级阶段：首先，推理还局限于比较简单的二元关系，而且只针对静态知识图谱，而客观世界的关系往往多元且动态；另外，现有的推理需要基于大量的高质量样本进行学习，如何利用小样本进行推理也是一大难题；再者，推理的速度、推理的时效性、推理的规模等都是需要进一步探讨的问题。

二、知识图谱的应用

（一）个性化推荐

推荐系统的难点在于数据问题：一是用户与物品的交互不多，利用极少量信息进行推测的算法常存在过拟合的风险：二是新增用户或物品不存在交互信息难以进行建模，这就是俗称的冷启动问题。

在算法中引入一些额外信息是解决以上问题的有效手段，利用知识图谱作为载体输入辅助信息是近些年推荐工作中的一大研究热点。由于知识图谱能够表征更丰富、更多层次的语义关系，推荐系统能够发现用户范围更广、层次更深的兴趣，其优势主要体现在以下几方面：

（1）可解释性：知识图谱本身包含了丰富的语义信息，因此基于这些关系进行相关推荐有着很强的解释性。例如，基于相同的演员、导演推荐电影，基于同一性质的奖项推荐书籍，这些推荐动作都是带有明确原因的。

（2）丰富性：知识图谱强大的网络表征能力能够挖掘更深层次的信息，因此可以基于多样化的角度进行个性化推荐。图谱中的实体间存在联系，各实体又有相应的属性，这些信息都可以作为推荐的依据。

（3）准确性：利用知识图谱能够描画出用户或者物品更丰满的形象，因此算法所考虑的特征维度也更多，精准性自然就更高。

将知识图谱的信息引入推荐系统中，目前大致可以分为以下两类工作：

（1）基于特征的结合方式：这类方法将知识图谱中实体的属性作为算法的输入特征，从而增加推荐系统所考虑的特征维度。显然，这种方法操作简单，具有一定效果，但是并没有高效地利用知识图谱中丰富的关系及结构信息。

（2）基于路径的结合方式：由于知识图谱存在多类节点及多类连接关系，因此可以将其当作一个异构信息网络（Heterogeneous Information Network，HIN），并且构造特定的关系路径或关系图来挖掘实体点的潜在联系，并基于此进行个性化推荐。此方法有效地利用了知识图谱中的结构信息，但是需要人为设计路径及关系图，对领域知识的宏观掌握要求比较高。

综合而言，将知识图谱与推荐系统的融合是目前具有前景的研究热点之一，其难点在于如何有效地融合知识图谱中的特征。现存的许多方法都存在一定局限性，难以高效地挖掘知识图谱中的信息，因此这一方向还存在很大的研究空间。

（二）知识库问答

知识库问答（Knowledge Base Question Answering，KBQA）是指针对自然语言问题进行语义理解，进而利用知识库（这里的知识库在很大程度上是指知识图谱）进行查询、推理得出结构化答案，最后将其转化为自然语言的回答形式。基于知识库的问答具备以下几个层面的特点：

（1）训练数据：在一般的问答系统中，需要搜集大量的问答数据对模型进行训练。而基于知识的问答，在语义理解部分会涉及训练数据，其后主要依靠的是查询与推理，并不需要数据。

（2）数据形式：知识库的输入与输出均为结构化形式，因此需要在初始语义分析阶段将自然语言转化为结构化查询语言，其后在回答阶段需要将查询结果转化为自然语言。

（3）适用问题：适合知识性比较强的问题，如人物关系问题、简单的推理问题、百科知识问题等。

（4）背景知识：在一般的问答中，回答局限于对问句本身的语义理解，而基于知识库的回答借助图谱中强大的背景知识，能够更深层次地理解并回答问题。

（5）准确率与召回率：由于知识图谱本身结构化程度高，在特定领域覆盖率高（如可以结构化地表示纯文本中难以挖掘的常识知识），因此基于此的查询或推理的回答在准确率及召回率上均存在优势。

（6）评价方式：一般存在固定答案，因此评价方式简单。而一般的智能问答系统的评价方式比较复杂，一般会利用 BLEU（主要衡量生成回答与参考回答间的共现词频率）、ROUGE（基于 N-gram 的共现信息进行比较）或基于人工的评价方式。

近年来，基于知识库的问答系统成为学术界与工业界的热点研究及应用方向，包含以下两项核心工作：

（1）问题的理解和表示：知识图谱中的知识可以对应有成千上万的问题，而用自然语言表达同一问题的形式存在多样性，因此如何理解问题的语义并将其转化为合适的结构化的查询语句是知识问答中的首要任务及难点任务。例如，如何区分具有不同表达方式但相同意图的提问或者具有类似表达方式但不同意图的提问，如何根据上下文信息细化意图等都是难以处理的问题。

（2）查询与推理：如果是查询性质的问题，查询操作简单，回答准确率也高。然而，如果是带有推理性质的问题，就不是一个简单问题，属于 How 问题，涉及对相关知识的推理，比起 When、Where、Who 等事实性问题难度大得多。目前，知识推理的相关研究，不管是基于规则还是基于深度学习的方法，还存在一定的局限性，因此这类问题比较难以处理。

很多研究工作将 KBQA 与深度学习相结合进行模型学习，在语义的深层次解析、语言的生成等阶段都有了一些进展，例如，应用循环神经网络、卷积神经网络各自的特点分层次地提取有用信息，搭建端到端的知识库问答模型，通过变分推断完成多跳推理等。

（三）基于知识图谱的人工智能技术应用于非物质文化遗产保护

数字化保护包括静态记录保护和动态追踪保护，旨在通过信息技术，对现有和失传的铜鼓数据进行梳理，提供信息平台接收和发现铜鼓相关新线索，结合实地考证从而实现动静结合地保护铜鼓文化遗产；目前，通过现有数据和资料，利用人工智能技术，虚拟复原非物质文化遗产原貌，对文物进行系统的活化保护，已成为学术界重点研究的热点问题之一，并吸引了国内外学术界的广泛关注。不同专业背景的学者试图从各自专业视角出发，研究人工智能非物质文化遗产方面的数字化保护。例如，耿国华①等选用

①耿国华，张鹏飞，刘雨萌，等．基于断裂面邻域特征的文物碎片拼接 [J]. 光学精密工程，2021，29，（5）:1169–1179.

秦俑碎片作为研究对象，首先，定义邻域特征参数，提取特征点集，通过定义曲率特征参数对特征点集进行二次筛选，确定最优特征点集；然后，利用特征点间的相对距离和相对位置矢量与特征主方向的夹角作为特征描述符，依据集合相似理论对特征点进行相似性度量，得到匹配点对集合并采用 RANSAC（随机抽样一致算法）剔除误匹配点对；最终采用 SVD（Singular Value Decomposition，奇异值分解）计算刚体变化矩阵，通过基于 K-D 树改进的 ICP（迭代最近点）算法完成精准拼合。刘丹青①在唐卡图像数据集和面向唐卡破损特性的不规则掩码数据集的支持下，通过迁移学习的深度学习模型解决了传统方法应对唐卡不规则破损能力不足和修复速度慢的问题，修复结果更精准、更符合唐卡图像特点。他提出一种组合修复方法，在模型修复结果的基础上，使用 Patch Match 算法对该修复痕迹进行局部二次修复，修复唐卡图像弱纹理区域可能出现的明显修复痕迹，以提高唐卡图像的最终修复效果。

第三节　计算机视觉

计算机视觉（Computer Vision）是利用图像传感器获取物体的图像，将图像转换成数字图像，并利用计算机模拟人的判别准则去理解和识别图像，达到分析图像和做出结论的目的。

目前，计算机视觉与自然语言处理及语音识别并列为机器学习方向的三大热点方向。而计算机视觉也由传统的手工特征工程（直方图以及尺度不变特征变换等）与浅层模型的组合逐渐转向了以卷积神经网络为代表的深度学习模型。传统的计算机视觉问题解决方案流程包括：图像预处理、特征提取、特征筛选、建立模型（分类器 / 回归器）、输出，如图 2-1 所示。而深度学习模型中，大多问题都会采用端到端的解决思路，即从输入直接到输出。

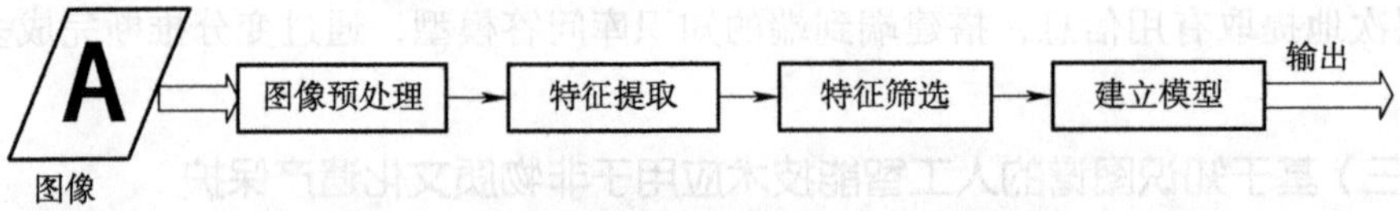

图 2-1　传统的计算机视觉问题解决方案流程

图像处理是指利用计算机对图像进行去除噪声、增强、复原、分割、特征提取、识别等处理的理论、方法和技术。狭义的图像处理主要是对图像进行各种加工，以改变图像的视觉效果并为自动识别奠定基础，或对图像进行压缩编码以减少所需的存储空间。图像分析是对图像中感兴趣的目标进行检测和测量，以获得它们的客观信息，从而建立对图像的描述。图像处理是对输入的图像做某种变换，输出仍然是图像，基本不涉

①刘丹青．基于深度学习的唐卡图像修复研究与应用 [D]. 青海师范大学，2021.

及或者很少涉及图像内容的分析。比较典型的有图像变换、图像增强、图像去噪、图像压缩、图像恢复、二值图像处理等，基于阈值的图像分割也属于图像处理的范畴。图像分析是对图像的内容进行分析，提取有意义的特征，以便后续处理。计算机视觉是对图像分析得到的特征进行分析，提取场景的语义表示，让计算机具有人眼和人脑的能力。

关于图像处理、图像分析和计算机视觉的划分并没有一个统一的标准。通常图像处理内容会介绍图像分析和计算机视觉的知识。而计算机视觉的内容基本上都会包括图像处理和图像分析，只是介绍得不会太详细。图像处理、图像分析和计算机视觉都可以纳入计算机视觉的范畴：图像处理对应于低层视觉，图像分析对应于中间层视觉，计算机视觉对应于高层视觉。

一、计算机视觉中的图像分析和理解

图像分析和理解是计算机视觉的核心内容，主要使用人工智能中的机器学习方法。由于其中涉及的讨论问题很多，在此仅选择讨论图像分析中的图像识别作为代表。

在图像识别中一般使用机器学习中的浅层学习与深层学习两种方法。

（一）图像识别中的浅层学习方法

图像识别中的浅层学习方法是一种传统的方法，它一般采用监督学习的分类方法。在学习过程中需要人工或专家大量参与，在这种学习方法中将复杂问题分解成若干个简单子问题的序列，通过人工 / 自动相结合的混合方式解决。同时，在学习前需要搜集大量的相关的图像数据（带标号的）供识别训练之用。这些图像可统一存储于训练图像库中，同时还需要选择一个供测试用的测评图像库。下面以训练图像库为基础开始学习。

这种学习方法的实施可由以下四个步骤有序组成：

1. 图像预处理

在进入分析前，为保证其一致性，将所有参与训练的图像目标对齐，即进行统一规范化处理，如位置、大小尺寸、灰度颜色等均归一化处置。这种处理一般由操作人员使用图像处理中的操作手工完成。

2. 图像特征设计和提取

提取描述图像内容的特征能全面反映图像的特性，包括图像的低层、中层及高层的特性，如图像的边缘，纹理元素或区域（低层），图像的部件、边界、表面和体积（中层），以及图像的对象、场景或事件（高层）等。所有这些特征都由专家凭其经验与长期积累的知识进行设计。

3. 图像特征汇集、变换

对所提取具有向量结构的特征进行统计汇集，并做降维处理，从而可使维度更低，它有利于分类的实现。这种降维可用线性变换实现，也可用非线性支持向量机学习算法中的核函数（将高维空间计算转换为低维空间计算的函数）实现。这部分工作模型都是由专家设计的。

4. 分类器的实现

这是图像识别的关键部分。分类器选用浅层学习中的分类算法，常用的是支持向量机、人工神经网络等方法。使用选定的算法经大量图像数据训练学习后即可得到相应的学习模型，称为分类器。接着，经过测评集的测试后方可成为一个具有真正实用价值且能分类的分类器。在分类器的实现中，分类算法的选择与相应参数设置是至关重要的，它由经验丰富的专家负责完成。

（二）图像识别中的深层学习方法

浅层学习适用于识别相对简单的图像，对复杂与细腻图像的识别效果不佳，因此近年来深度学习方法已逐渐成为主要的方法。使用的算法以卷积神经网络方法为主。

图像识别中的深层学习方法是一种新的方法，它一般采用无监督 / 监督学习相结合的分类方法。在学习过程中仅需要少量专家参与，大量是由系统自动完成。

在这种学习方法中将复杂问题分解成若干个简单子问题的序列，通过少量步骤解决。

在学习前需要搜集大量的相关的图像数据（不带标号 / 带标号）供识别训练。这些图像可统一存储于训练图像库中；同时还需要选择一个供测试用的测评图像库。下面以训练图像库为基础开始学习。

这种学习方法的实施由以下两个简单步骤组成。

1. 图像预处理

深度学习图像预处理与浅层学习图像预处理基本类似，这种处理一般都由操作人员使用图像处理中的操作手工完成。

2. 分类器的设计与实现

与浅层学习不同，在深度学习中，原有的图像特征设计和提取以及图像特征汇集、变换都是自动的，作为分类器的一部分融入其中。在浅层学习中的三个步骤功能分别由深度学习中卷积神经网络的三个隐藏层——卷积层、池化层、全连接层统一、自动完成。其中仅有少量卷积神经网络中的参数及函数设置由专家设计完成。

在目前的应用中，浅层学习适用于简单图像的识别，所采用的训练数据必须是大量带标号数据，在实施时需要有大量专家型人才广泛参与；而深层学习则适用于复杂图像的识别，所采用的训练数据可以是部分带标号数据与部分不带标号数据，在实施时专家型人才参与的环节不多。

二、计算机视觉的任务

计算机视觉的主要任务包括物体识别和检测、图像语义分割、视觉跟踪、视觉问答、三维重建、多模态研究、数据生成等。

（一）物体识别和检测

物体识别和检测即给定一张输入图片，算法能够自动找出图片中的常见物体，并输出其所属类别及位置。当然，也就衍生出了诸如人脸检测、车辆检测等细分类的检测算法。物体检测一直是计算机视觉中非常基础且重要的一个研究方向，大多数新的算法或深度学习网络结构都首先在物体检测中得以应用，如 VGG-Net、ResNet 等，每年在 ImageNet 数据集上都不断有新的算法涌现，一次次突破历史，创下新的纪录，而这些新的算法或网络结构很快就会成为热点，并改进应用到计算机视觉的其他应用中。

（二）图像语义分割

图像语义分割就是让计算机根据图像的语义进行分割，语义在语音识别中指的是语音的意思。在图像领域，语义指的是图像的内容，对图片意思的理解。语义分割的应用领域主要有地理信息系统、无人车驾驶、医疗影像分析、机器人等。

（三）视觉跟踪

视觉跟踪是指对图像序列中的运动目标进行检测、提取、识别和跟踪，获得运动目标的运动参数，如位置、速度、加速度和运动轨迹等，从而进行下一步的处理与分析，实现对运动目标的行为理解，以完成更高一级的检测任务。跟踪算法需要从视频中去寻找到被跟踪物体的位置，并适应各类光照变换、运动模糊以及表观的变化等。但实际上跟踪是一个不适定问题，例如跟踪一辆车，如果从车的尾部开始跟踪，若是车辆在行进过程中表观发生了非常大的变化，如旋转后变成侧面，那么现有的跟踪算法很大的可能性是跟踪不到的，因为它们的模型大多基于第一帧的学习，虽然在随后的跟踪过程中也会更新，但受限于训练样本过少，所以难以得到一个良好的跟踪模型，在被跟踪物体的表观发生巨大变化时，就难以适应。所以，就目前而言，跟踪算不上是计算机视觉内特别热门的一个研究方向，很多算法都改进自检测或识别算法。

（四）视觉问答

视觉问答是近年来非常热门的一个方向，一般来说，视觉问答系统需要将图片和问题作为输入，结合这两部分信息，产生一条人类语言作为输出。针对一张特定的图片，如果想要机器以自然语言处理来回答关于该图片的某一个特定问题，需要让机器对图片的内容、问题的含义和意图，以及相关的常识有一定的理解。就其本性而言，这是一个多学科研究问题。

（五）三维重建

基于视觉的三维重建，指的是通过摄像机获取场景物体的数据图像，并对此图像进行分析处理，再结合计算机视觉知识推导出现实环境中物体的三维信息。三维重建技术的重点在于如何获取目标场景或物体的深度信息。在景物深度信息已知的条件下，只需要经过点云数据的配准及融合，即可实现景物的三维重建。基于三维重建模型的深层次应用研究也可以随即展开。学习图像处理的人会接触到更广泛、更多元的技术，而三维重建背景会非常专注于细分的算法。因为三维重建本身还有更细分的技术，所以在做研究生阶段学习的时候，会有很具体的专业方向，例如做航拍地形的三维重建或者佛像的三维重建，这是因为场景的区别运用到的拍摄技术和重建技术都是不一样的，而且有一些不同技术也没有关系（当然三维重建本身的概念是相同的）。关于三维重建未来的热点和难度，这个领域可以做得很专，场景也有很多，每个场景都有不同的挑战。

（六）多模态研究

目前，许多领域还是仅仅停留在单一的模态上，如单一分物体检测、物体识别等，而众所周知的是现实世界就是由多模态数据构成的，如语音、图像、文字等。视觉问答在近年来兴起的趋势可见，未来几年内，多模态的研究方向还是比较有前景的，如语音和图像结合、图像和文字结合、文字和语音结合等。

（七）数据生成

现在机器学习领域的许多数据是由现实世界拍摄的视频及图片经过人工标注后用作训练或测试数据的，标注人员的职业素养和经验，以及在多人标注的情况下很难有统一的标注规则等因素一定程度上直接影响了模型的最终结果。而利用深度模型自动生成数据已经成为一个新的研究热点方向，如何使用算法自动生成数据相信在未来一段时间内都是不错的研究热点。

第四节　机器学习

一、机器学习问题分类

机器学习可以应用于很多领域，首先根据是否有监督，分为无监督学习（Unsupervised Learning）和有监督学习（Supervised Learning）。在机器学习中，这是一个很重要的分类，但如果之前没有接触过机器学习，“监督”这个词可能比较难理解。如果替换成“参考答案”是否就熟悉多了？实际情况正是如此，有监督学习就是有参考答案的学习，具体来说，就是数据集中包含了预测结果。例如，在房价的数据集中，除了给出面积、楼龄等数据外，真实房价也给了出来，这就是有监督学习，而无监督学习则相反。

根据预测的结果类型，有监督学习又分为回归问题和分类问题。如果预测结果是离散的，通常为分类问题，而为连续的，则为回归问题。

无监督学习没有参考答案，仅通过在样本之间进行比较计算来达成目标，常见的有聚类问题。

二、常用的机器学习算法

常见的机器学习算法有如下几种：

（1）线性回归算法：这是最基本的机器学习算法，该算法称得上是机器学习算法界的“Hello World”程序，是用线性方法解决回归问题。

（2）Logistic 回归分类算法：其核心思想仍然是线性方法，但其具有解决分类问题的能力。

（3）KNN 分类算法：该算法是本书介绍的分类算法中唯一一个不依赖数学或统计模型，纯粹依靠“生活经验”的算法，它通过“找最近邻”的思想解决分类问题，其核心思想和区块链技术中的共识机制有着深远的关系。

（4）朴素贝叶斯分类算法：这是一套能够刷新世界观的算法，它认为结果不是确定性的而是概率性的，所见的只是概率最大的结果。当然，算法是用来解决问题的，朴素贝叶斯分类算法解决的是分类问题。

（5）决策树分类算法：如果程序员的思维逻辑能够用 if...else 来概括，决策树分类算法就是最接近程序员逻辑的机器学习算法。

（6）支持向量机分类算法：如果说 Logistic 回归分类算法是最基本的线性分类算法，那么支持向量机则是线性分类算法的最高形式，同时也是最“数学”的一种机器学习算法。该算法使用一系列令人拍案叫绝的数学技巧，将线性不可分的数据点映射成线性可分，再用最简单的线性方法来解决问题。

（7）K-means 聚类算法：有监督学习是当前机器学习的一种主流方式，但样本标记需要耗费大量人工成本，容易出现样本累积规模庞大，但标记不足的问题。无监督学习则是一种无须依赖标记样本的机器学习算法，聚类算法就是其中具有代表性的一种，而 K-means 是聚类算法中的典型代表。

三、迁移学习

迁移学习是一类比较重要的弱监督学习方法，侧重于将已经学习过的知识迁移应用到新的问题中。对于人类来说，迁移学习其实就是一种与生俱来的能够举一反三的能力。例如，我们学会打羽毛球后，再学打网球就会变得相对容易；而学会了中国象棋后，学习国际象棋也会变得相对容易。对于计算机来说，我们同样希望机器学习模型在学习到一种能力之后，稍加调整即可以用于一个新的领域。

随着大数据时代的到来，迁移学习变得愈发重要。现阶段，可以很容易地获取大量的城市交通、视频监控、行业物流等不同类型的数据，互联网也在不断产生大量的图像、文本、语音等数据。但这些数据往往都是没有标注的，而现在很多机器学习方法都需要以大量的标注数据作为前提。如果能够将在标注数据上训练得到的模型有效地迁移到这些无标注数据上，将会产生重要的应用价值，这就推动了迁移学习的发展。

在迁移学习中，通常称有知识和数据标注的领域为源域，是要迁移的对象；而把最终要赋予知识、赋予标注的对象称作目标域。迁移学习的核心目标就是将知识从源域迁移到目标域。目前，迁移学习主要通过三种方式来实现：

（1）样本迁移：即在源域中找到与目标域相似的数据并赋予其更高的权重，从而完成从源域到目标域的迁移。这种方法的好处是简单且容易实现，但是权重和相似度的选择往往高度依赖经验，使算法的可靠性降低。

（2）特征迁移：其核心思想是通过特征变换，将源域和目标域的特征映射到同一个特征空间中，然后再用经典的机器学习方法来求解。这种方法的好处是对大多数方法适用且效果较好，但是在实际问题当中的求解难度通常比较大。

（3）模型迁移：这是目前最主流的方法之一。这种方法假设源域和目标域共享模型参数，将之前在源域中通过大量数据训练好的模型应用到目标域上。例如，在一个千万量级的标注样本集上训练得到一个图像分类系统，在一个新领域的图像分类任务中，可以直接利用之前训练好的模型，再加上目标域的几万张标注样本进行微调，就可以得到很高的精度。这种方法可以很好地利用模型之间的相似度，具有广阔的应用前景。

迁移学习可以充分利用既有模型的知识，使机器学习模型在面临新的任务时只需要进行少量的微调即可完成相应的任务，具有重要的应用价值。目前，迁移学习已经在机器人控制、机器翻译、图像识别、人机交互等诸多领域获得了广泛应用。

四、深度学习

从严格意义上讲，深度学习也属于机器学习的一种（但人们平时在谈到机器学习时，通常指的是传统的机器学习方法）。深度学习模拟大脑的神经网络结构，对数据进行表征学习。而深度神经网络指的是至少具备一个隐层的神经网络，常见的基本结构有循环神经网络、卷积神经网络、基于注意力机制的神经网络。

循环神经网络的数据输入为序列，按序列方向一步步地运算，上一步序列节点的运算结果，将和下一个序列节点输入一齐作为下一步的运算输入。因此，循环神经网络具备对之前运算结果的记忆性，比较擅长学习节点间存在关联的序列。

应用比较广泛的循环神经网络有 LSTM（Long Short-Term Memory Networks，长短期记忆网络）和 GRU（Gated Recurrent Unit，门控循环单元）。相对于基础版本的 RNN（Recurrent Neural Network，循环神经网络），这两类网络在一定程度上解决了梯度消失的问题。另外，人们一般也会应用双向的循环神经网络，综合从左往右和从右往左两个维度来考虑节点间的影响关系。对于文本分类任务来说，作为一个由词组成的序列，词与词之间存在着非常紧密的联系，因此很适合用循环神经网络来处理。而卷积神经网络擅长图像处理，主要结构是卷积层和池化层。一般情况下，卷积层会有多层，最前面卷积层的作用是从图像中提取细微基础特征（如不同方向的线条），接下来的卷积层再基于这些特征提取更高级的特征（如一些不同的几何形状），以此方式自下而上进行，最终能够抽象出更加高层次的特征。而池化层的主要作用是进行信息过滤，减轻计算压力。此过程类似于把一张照片在一定程度上降低像素，节省存储空间的同时也不妨碍照片中的物体识别。

虽然卷积神经网络是应图像识别而生，但在自然语言处理方面也有广泛应用。在文本中，字组成词，词组成短语，短语组成短句，短句再组成句子，由此可见，类似于图像，文本中的特征是由基础到高级，层层递进，也适合用卷积的操作来提取特征。另外，不同于印欧语系，汉语作为表意语系，很多汉字起源于图画，汉字形状本身蕴含了丰富的语义信息，因此把汉字当作一张图像来对语义进行表征也是非常值得尝试的方法。

另外，深度学习在自然语言处理中的一大趋势是注意力机制，其首先是应机器翻译而生，在此任务上取得了让人惊艳的效果。它的基本思想很简单，即在翻译目标语句时对源语句中的不同词汇施加不同权重的注意力。后来，人们又提出了自注意力机制（Self-Attention Mechanism），代表模型有 Transformer 以及基于双向 Transformer 的 Bert 模型，基于对同一句子中不同词汇间不同程度的关系进行特征提取，获取更多的语义信息并且解决了循环神经网络对长序列处理效果不佳的问题。将预训练好的 Bert 结构应用于文本分类，在效果上非常突出。

第五节　自然语言处理

一、自然语言的理解与生成

（一）自然语言理解之基本原理

这里的自然语言主要指的是汉语。汉字中的自然语言理解的研究对象是汉字串，即汉字文本。其研究的目标是：最终被计算机所理解的具有语法结构与语义内涵的知识模型。

面对一个汉字串，使用自然语言理解的方法最终可以得到计算机中的多个知识模型。在对汉字串理解的过程中，与上下文有关，与不同的场景或不同的语境有关。另外，在理解自然语言时还需要运用大量的相关知识，以及基于知识上的推理。有的知识是人们已经知道的，而有的知识则需要通过专门学习而获取，这些都属于人工智能技术。因此，在自然语言理解过程中必须使用人工智能技术才能消除歧义性，使最终获得的理解结果与自然语言的原意是一致的。在具体使用中需要用到的人工智能技术是知识与知识表示、知识库、知识获取等内容。重点使用的是知识推理、机器学习及深度学习等方法。

综上所述，在汉字中自然语言理解的研究对象是汉字串，研究的结果是计算机中具有语法结构与语义内涵的知识模型，研究所采用的技术是人工智能技术。

从其研究的对象汉字串，即汉字文本开始。在自然语言理解中的基本理解单位是：词、由词或词组所组成的句子，以及由句子所组成的段、节、章、篇等。关键的是：词与句。对词与句的理解中分为语法结构与语义内涵等两种，按序可分为词法分析、句法分析及语义分析三部分内容。

（二）自然语言处理之自然语言生成

计算机中的思维意图用人工智能中的知识模型表示后，再转换生成自然语言被人类所理解，称为自然语言生成。在自然语言生成中也大量用到人工智能技术。一般而言，自然语言生成结构可由三部分构成：内容规划、句子规划和句子实现。

1. 内容规划

内容规划是生成的首要工作，其主要任务是将计算机中的思维意图用人工智能中的知识模型表示，包括内容确定和结构构造两部分。

（1）内容确定：其功能是决定生成的文本应该表示什么样的问题，即计算机中的思维意图的表示。

（2）结构构造：完成对已确定内容的结构描述，即建立知识模型。具体来说，就是用一定的结构将所要表达的内容按块组织，并决定这些内容块是怎样按照修辞方法互相联系起来，以便更加符合阅读和理解的习惯。

2. 句子规划

在内容规划基础上进行句子规划。句子规划的任务就是进一步明确定义规划文本的细节，具体包括选词、优化聚合、指代表达式生成等。

（1）选词：在规划文本的细节中，必须根据上下文环境、交互目标和实际因素用词或短语来表示。选择特定的词、短语及语法结构以表示规划文本的信息。这意味着对规划文本进行消息映射。有时只用一种选词方法来表示信息或信息片段，在多数系统中允许多种选词方法。

（2）优化聚合：在选词后，对词按一定规则进行聚合，从而组成句子初步形态。优化后使句子更加符合相关要求。

（3）指代表达式生成：决定什么样的表达式。句子或词汇用来指代特定的实体。

二、自然语言处理框架及其措施

语言是人类交流的主要工具，在人们的日常生活中有着重要的意义。随着信息技术的发展以及智能设备在生产和生活中的广泛使用，有两个问题逐渐变得紧迫且重要：第一个是人与机器间如何能够实现类似人与人之间自然、顺畅、高效地交流，而不是通过计算机指令输入/输出的方式，从而可以拓展机器的功能以提高设备的易用性；第二个是如何让计算机辅助人类进行一些大规模或即时的语言和文字处理任务，从而提升人类的生活便利或生产效率。

自然语言处理（Natural Language Processing，NLP）的目标就是要解决以上两个问题，它是计算机科学与人工智能领域的一个重要的研究与应用方向，是一门融语言学、计算机科学、数学于一体的科学。自然语言处理不是一个独立的技术，它受到大数据、云计算、机器学习等多方面理论的支撑。

总体而言，自然语言处理面临的任务主要包括三方面：语言感知、语言理解和语言生成。语言感知相当于计算机的“听”和“读”能力，是人机交互中主要的信息输入部分；语言理解则是自然语言处理研究的主要任务和核心挑战，其主要研究如何让计算机对于输入的语言进行深入的分析，并能够结合上下文语境信息准确理解语言的含义，从而提取出有用的信息，相当于人类的语言“思考”和“理解”能力；语言生成则是研究如何让计算机把提取的信息以流畅通顺的语言形式表达出来，这种表达可以是文字或语音。

三、自然语言处理研究的主要内容

自然语言处理任务涵盖的范围比较大，同时应用广泛，这里按照语言理解过程中涉及的语言对象的复杂性从低到高把自然语言处理所研究的主要内容按照如下几方面进行简介。

（一）语音和文字识别

文本是自然语言处理最主要的对象，在计算机中是以字符编码的方式保存的，这也是计算机最擅长处理的方式。因此为了方便处理，通常需要使用语音识别或文字识别把语音或者图片文字转化为文本，然后再做进一步的分析和理解。语音识别的目的是把传声器获取的语音信号转换成说话内容对应的文本数据，这相当于让计算机“听”一个人说话，并把所听的内容在计算机中用文本记录下来。文字识别是指从包含文字的图片中识别出文字内容并转换成对应的文本，这相当于计算机“阅读”并在其中用文本记录下所看到的内容。这个过程通常是在字符和词语层次上的处理。

（二）文本解析

一句话中通常包括不同词性的词语、不同功能和属性的短语和分句。文本解析包括词法和句法解析，其主要任务就是对于给定的文本，进行正确地断句、词语划分和词性标注、固定短语识别，以及分句关系判断等，即从词语、短语、句子到段落再到全文不同尺度上对文本进行正确拆解和属性判断，以便于后续的分析和理解。这个过程是在词语和句子的层次中对文本进行处理。

（三）文本分析与挖掘

这个过程是从全文内容层次上对文本进行分类聚类、话题识别、情感分析、摘要压缩、可视化表示等。文本分析与挖掘往往不再局限于单个词语或句子，而是在文本整体内容上更深层次的处理。目前，主流的技术是先把文本转化成特征向量，然后利用机器学习算法进行处理和分析。

（四）知识提取与检索

对文本的理解最终体现在知识的提取上，这要求能够从文本中对所表述的内容进行归纳总结和抽象提取并最终形成知识的形式，从而供后续查阅和检索。知识提取就是把文本内容从更加抽象的知识层面去描述；信息检索则是对应给定的任务，能够从已有的知识库中搜索到与之对应的部分。这个过程是从文本所传达的知识的层次上进行处理。

（五）机器翻译类

类似于人工翻译，机器翻译是把文本或者语音从一种语言（通常称为源语言，如中文）转化为另一种语言（通常称为目标语言，如英文）表述出来，同时尽量准确、完整地传递源语言所包含的信息。这个过程牵涉对源语言所包含信息的准确提取、语言间恰当的转化方式，以及目标语言正确流畅地生成出来。

（六）问答/对话系统

自然语言处理的最终目标是设计出能够完成类似于人与人之间的自然交流或对话系统，从而实现人机间的高效流畅交互，这个过程是一个综合的语言处理过程，包含了语言感知、语言理解和语言生成整个过程，同时还要求能够根据对话情景正确理解语言的意思。

第三章

虚拟现实技术

在前面章节提到了人工智能使得虚拟现实技术中图像质量和交互效率的提高有着关键作用，接下来详细介绍虚拟现实技术。

第一节　虚拟现实技术概论

虚拟现实的概念是由 VPL 公司的创建人杰伦·拉尼尔（Jaron Lanier）在 20 世纪 80 年代初提出的，也称“灵境技术”或“人工环境”，是综合利用计算机图形系统和各种现实及控制等接口设备，在计算机上生成的、可交互的、在三维环境中提供沉浸感觉的技术。它利用计算机生成一种模拟环境，利用多源信息融合的交互式三维动态视景和实体行为的系统仿真使用户沉浸到该环境中。

一、虚拟现实技术的特点

总体来说，虚拟现实有三大特点：沉浸感（Immersion）、交互性（Interactivity）、构想性（Imagination）。由于三者的英文名称均以字母“I”开头,因此又被称为 I3 特性。除此之外，虚拟现实还具有多感知性（Multi-Sensory）特点。

（一）沉浸感

沉浸感是出现在虚拟现实介绍中最多的一个词。不论是电视还是电影，我们基本都是一个旁观者，即便剧情再精彩，从某种程度上来说人们都无法真正沉浸其中。虚拟现实则解决了这个问题，通过接近人类视角的头戴屏幕设备、头部及动作追踪技术，让人们真正感受到虚拟环境的氛围。这种体验不仅可用于游戏，还包括互动电影、商业活动或者一些平常无法实现的事情。

沉浸感的原理来自用户的高度注意力，因此其他一些需要高度专注的行为，如看书、玩游戏等也会产生沉浸效果。当人们将注意力集中于书籍、电影或游戏当中时，过于集中的注意力会过滤掉所有不相关的知觉，从而进入一种旁若无人的状态。

在虚拟现实环境中，人们体验到沉浸感，也就是感觉到成为虚拟现实环境的一部分，同时人们也可以和他所处的虚拟环境进行有意义的交互。沉浸感和交互感的结合统称为临场感（Telepresence）。计算机科学家乔纳森·斯特尔（Jonathan Steuer）将其定义为“与直接的物理环境相比，个体处在这种间接的虚拟环境中，感觉到真实的程度”。

换言之，理想的模拟环境可以做到让用户在体验的过程中不自觉地全身心投入到计算机创建的三维虚拟环境中，甚至感觉不到虚拟环境与现实世界的差距；不管是视觉、听觉还是触觉，甚至是嗅觉、味觉等一系列的感官都能让用户觉得周围的一切都是真的，于是沉迷在虚拟的环境中。

（二）交互性

交互性运用于计算机及多媒体领域，并且多为 2D 交互。例如，使用计算机进行文字输入，打出来的字就会输出在计算机屏幕上，通过人的眼睛进入大脑，这便形成了一个简单的交互行为。而虚拟现实的交互性，事实上与计算机的交互性大同小异，都是人与物之间的互动关系，只是交互模式从 2D 跨越到了 3D。

在虚拟现实的世界里，人们可以直接用手去触摸所感兴趣的物体，而不是被动地去感受模拟场景中的一切，包括场景中物体的触感、重量等，甚至可以让它随着你的手移动、摆放它的位置。这种可以置身于场景中，与场景内的物体进行交互和操作，并得到及时反馈的性质就称为交互性。

（三）构想性

过去，人们只能靠一次次的实务得出问题的结果，被动地进行探索。而现在，人们可以在虚拟现实的世界里尽情研究，结合想象主动地去探索和接收信息，不必担心可能出现的试验资源匮乏和经费等问题。

此外，虚拟现实技术不仅能够创造出人类已知的模拟场景，还能够创造出人们从未见过的、客观上根本不存在的甚至不可能发生的场景，从而拓宽人们的认知范围。

（四）多感知性

人处在生活中，可以感知到周围的一切，如闻到的花是香的，阳光是温暖的，等等。而在虚拟现实技术中，多感知性的要求指的是，除了一般计算机技术所具有的视觉感知之外，还具有自然界中的听觉感知、力觉感知、触觉感知、运动感知，甚至包括味觉感知、嗅觉感知等。

理想型的虚拟现实技术应该具有一切人所具有的感知功能，达到让用户所感知的世界与现实无异。但由于相关技术，特别是传感技术的限制，目前虚拟现实技术所具有的感知功能仅限于视觉、听觉、力觉、触觉、运动等几种。

二、虚拟现实技术典型应用——虚拟博物馆

（一）虚拟博物馆的概念

虚拟博物馆是运用数字、网络技术，将现实存在的实体博物馆的职能以数字化方式完整展现出来的博物馆。虚拟博物馆的产生是博物馆数字化过程发展到当下的一个阶段性产物。随着计算机技术到虚拟现实技术的发展，沉浸性和互动性获得了前所未有的增强，顺势产生了虚拟博物馆。

虚拟博物馆本质上就是采用虚拟现实技术的博物馆。起初虚拟博物馆只是通过虚拟现实技术将博物馆的实体物件形象地展现在计算机屏幕上。随着计算机硬件环境的提升，允许将整个博物馆的环境连同文物一起呈现在虚拟世界之中，于是真正意义上的虚拟博物馆成形了。自此以后，参观者可以通过鼠标、键盘、手柄和虚拟眼镜等设备身临其境地体验博物馆展出的内容，从而进一步促进博物馆行业的发展。

（二）我国虚拟博物馆发展现状

近年来，虚拟博物馆在我国的应用得到快速发展。故宫博物院、首都博物馆、上海博物馆、南京博物院、敦煌莫高窟等文博单位都积极地利用信息技术进行辅助展示，故宫博物院和南京博物院的网络虚拟博物馆已经上线并获得了广泛关注和好评。

“虚拟紫禁城”是中国第一个在互联网上展现重要历史文化景点的虚拟世界。北京故宫虚拟旅游，用高分辨率、精细的3D建模技术虚拟出宫殿建筑、文物和人物，并设计了6条观众游览路线。北京故宫虚拟旅游囊括了目前故宫所有对外开放的区域。为了营造尽可能真实可信的体验，技术人员通过与中国历史文化专家合作和对实际演员的真实动作进行动态捕捉，再现了一些皇家生活场景。

北京故宫虚拟旅游，游客可以像现实生活中游览故宫那样，走过每一条游览线路。虚拟紫禁城和北京故宫虚拟旅游比现实中更方便、更吸引人的是，在虚拟世界中，游客可以走进在现实中暂时未开放的宫殿，如太和殿。

北京故宫虚拟旅游游客在进入虚拟世界时可选择一个自己喜欢的身份，如官员、宫女、嫔妃、武士等。参观时既可跟随一个导游，也可自己随意闲逛，或者自己做导游带领其他在线的游客一起参观。虚拟世界还设计了一些场景，如皇帝批阅奏章、用膳、武士射箭等，游客可以“冷眼旁观”，也可参与其中，与人物比试一番。此外，游客还能够与其他游客及一系列预设的人物进行交谈互动。这种自主性和互动性，可谓是该项目与之前的一些“虚拟游览”或数字化游览最根本的区别。

这个被称为“超越时空的紫禁城”，借助现代技术，立体地、精细地再现了故宫博物院这座满载文化宝藏的宝库，是技术与文化的完美结合。

第二节　虚拟现实系统的相关技术

虚拟现实，即营造出与真实世界无二的虚拟空间，这个空间在现实生活中是并不存在的，而人却可以在这个虚拟的空间里自由移动、触碰里面的物体并受到物体带来的影响。

因此要实现虚拟现实，首先要使人的眼睛能够看到该虚拟空间，并且显示在人眼中的虚拟空间里的一切都必须高度模仿现实世界；其次，人在虚拟空间里的大小与空间内物品的大小应该是成正比的，这样物品在映入人眼睛时才不会显得唐突；最后，要体现虚拟现实的真实感，最重要的便是人在虚拟空间里是可以自由移动的，并且可以按照自己的意识去触碰并且操纵虚拟空间里的物品，让它发生在现实世界里也会有的相应形状、位置等方面的改变。为达到这一目的，不仅要利用多种建模手段构建出逼真的虚拟世界，还要有丰富的交互手段给使用者逼真的反馈。

一、实物虚化技术

实物虚化是现实世界向三维虚拟空间的一种映射，是将现实世界的事物转换成虚拟空间中的物体的过程。在虚拟现实中，做好将现实世界映射到虚拟空间的工作是为用户提供逼真的虚拟世界的前提。这需要对现实世界中的物体进行建模，一般的方式有形状外观的几何造型建模和物理行为建模等。

（一）几何造型建模

通常几何造型建模可通过人工几何建模和数字化自动建模这两种方式实现。

1. 人工几何建模

人工几何建模包括“通过图像编程工具或虚拟现实建模软件建模”和“利用交互式的绘图、建模工具进行建模”两种方法。

（1）通过图像编程工具或虚拟现实建模软件建模。以编程形式进行建模是常用方法，常见的工具包括 OpenGL、Java3D 等二维或三维的图像编程接口，以及类似 VRML 的虚拟现实建模语言。这类编程语言或接口一般都针对虚拟现实技术的建模特点设计，拥有内容丰富且功能强大的图形库，可以通过编程的方式轻松调用所需要的几何图形，避免了用多边形、三角形等图形来拼凑对象的外形这样的枯燥、烦琐的程序，能有效提高几何建模的效率。

（2）利用交互式的绘图、建模工具进行建模。常用的交互式绘图、建模工具包括 AutoCAD、3ds Max、Maya、Autodesk 123D 等。

与编程式的建模工具不同，在使用交互式绘图、建模工具时，用户通过交互式的方式进行对象的几何建模操作，无须编程基础，非计算机专业人士也能够快速学会使用。但是，虽然用户可以交互式地创建某个对象的几何图形，但是并非所有要求的数据都以虚拟现实要求的形式提供，实际使用时某些内容需要手动或通过相关程序导入。

2. 数字化自动建模

三维扫描仪是数字化自动建模的常用设备，它可以用来扫描并采集真实世界中物体的形状和外观数据。利用三维扫描仪来对真实世界中的物体进行三维扫描，即可实现数字化自动建模。

（二）物理行为建模

物理行为建模包括物理建模和行为建模两部分。物理行为建模的主要作用是使得虚拟世界中的物体具备和现实世界类似的物理特征（物理建模），并且使其运动方式遵循客观的物理规律（行为建模）。

1. 物理建模

物理建模是对虚拟环境中物体的质量、惯性、表面纹理（光滑或粗糙）、硬度、变形模式（弹性或可塑性）等物体属性特征的建模。较之几何造型建模，物理建模属于虚拟现实系统中较高层次。在此过程中需要结合计算机图形学技术和物理学知识，尤其需要关注力反馈方面的问题。典型的物理建模方法有分形技术和粒子系统两类。

（1）分形技术：分形是指组成部分以某种方式与整体相似的形体，通常具备自相似性和迭代性。“树”就是生活中较为典型的自相似结构。一棵树由很多根树枝组成，如果忽略树叶个体间的区别，当拉近和树枝的距离时，每一根树枝看起来也像一棵大树，这种自相似称为统计意义上的自相似。

分形技术的优点是用简单的操作就可以完成复杂的不规则物体建模，缺点是计算量较大，难以满足实时性需求，在虚拟现实系统中一般仅用于静态远景建模。

（2）粒子系统：粒子系统是一种典型的物理建模系统，它能利用简单的体素来完成复杂运动的建模。体素是构造物体的原子单位，体素的选取决定了建模系统所能构造的对象范围。粒子系统主要由大量称为粒子的简单体素构成，每个粒子具有位置、速度、颜色和生命期等属性，这些属性可根据动力学计算和随机过程得到。

常用粒子系统建模制作的效果有火、爆炸、烟、水流、火花、落叶、云、雾、雪、尘、流星尾迹等。

2. 行为建模

几何建模与物理建模结合起来，仅仅能让一个虚拟的物体“看起来像”，但若要让它“动起来真”，就需要让它的运动和行为模式符合客观规律。例如，将桌上的物体移出桌面，它将由于具有质量而受地球引力做自由落体运动，而不是悬浮着停留在空中，这是物体行为符合运动学和动力学规律的直观体现。这一过程称为行为建模。

在建立行为模型时，为满足虚拟现实的自主性，除了对用户行为直接做出反应的行为模型以外，还需要考虑与用户输入无关的行为模型。所谓虚拟现实自主性的特性，简单地说是指动态实体的活动、变化以及与周围环境和其他动态实体之间的动态关系，它们不受用户的输入控制（即用户不与之交互）。

二、虚物实化技术

虚物实化是将建模好的虚拟世界呈现给用户的过程，它包括视觉、听觉甚至触觉等多感官的综合呈现。虚物实化的过程主要涉及视觉绘制、并行绘制、声音渲染和力触觉渲染等技术。

（一）视觉绘制

要了解视觉绘制的原理与方法，首先要了解、研究人类视觉系统，掌握人类视觉系统的特点。

1. 人类视觉系统

人眼有 126 000 000 个感光器，这些感光器不均匀地分布在视网膜上。视网膜的中心区域称为中央凹（视网膜中视觉最敏锐的区域），它是高分辨率的色彩感知区域，周围是低分辨率的感知区域，视网膜上显示的图像中投影到中央凹的部分称为聚焦区。在仿真过程中，观察者的焦点是无意识地动态变化的，如果能跟踪到眼睛的动态变化，就可以探测到焦点的变化。眼睛能观察到的范围称为视场（Field of View，FOV）。通常一只眼睛的水平视场大约是 150°，垂直视场大约是 120°，双眼的水平视场大约是 180°，水平重叠的部分大约是 120°。

虚拟现实的图形显示设备如果能够产生同样的图像视差，就能使虚拟物体在人眼中形成立体的显示效果，也能使人眼能够理解虚拟现实中的深度。为了产生这样的图像视差，虚拟现实的图形显示设备需要分别输出两幅轻微位移的图像到两只眼睛。如果有两个显示设备（如立体显示头盔）分别输出不同的图像，这样的效果很容易办到。如果只有一个显示设备，就要采取分时或分光等技术一次产生两种图像输出到两只眼睛。

图像视差在近场显示时是一个很好的判定深度的线索，但在远距离观察时效果会大打折扣。这是因为观察的物体越远，两眼到聚焦点 F 之间连线的角度就越小，两眼的图像视差也就越小。当物体较远时（一般距离观察者 10 m 以外），利用图像视差来感知深度的效果就不明显。此时，可以利用图像中的固有线索（如线性透视、阴影、遮挡等）来进行远处物体的深度感知。另外，在使用一只眼睛进行观察的情况下，因为观察者移动头部时，近处的物体看上去比远处的物体移动得更多，这样产生的运动视差也是一个很好的深度感知线索。

2. 立体显示

由于内瞳距的存在，人类眼睛在观察物体时，两只眼睛看到的图像是有差别的，两幅不同的图像被输送至大脑，形成了有景深的立体图像。这就是立体成像的原理。根据这个原理，可通过分色技术、分光技术、分时技术和光栅技术进行立体显示，其基本思路都是产生两幅轻微位移的图像输送到两只眼睛，技术的不同主要在于如何使得两只眼睛在看同一个画面时接收到不同的图像。

（1）分色技术：分色技术的原理便是让某些颜色的光只进入左眼，另一部分只进入右眼。分色技术的典型应用是看电影时的红蓝3D眼镜。这种眼镜一般左边镜片为红色，右边镜片为绿色或蓝色（左右颜色与画面的分色操作保持一致），戴上之后两眼都只能看到一部分颜色的光。镜片颜色的选择是考虑到人眼中可以感知颜色的感光细胞只有三种，分别感知红、绿、蓝三色，即光的三原色，其他的颜色都是这几种颜色的合成。

分色技术需要先将要立体显示的画面分成有细微偏移的两个图像，偏左边的画面去除绿色或蓝色，偏右边的画面则去除红色，再将两者叠加显示在屏幕上。这时，观众通过与之对应的滤色眼镜,两眼就能分别看到有轻微偏移的不同画面,形成立体显示的效果。

（2）分光技术：分光技术的例子是偏光眼镜，其基本原理是让两只眼睛分别接收到偏振方向不同的光。偏光眼镜的左、右两片镜片都为偏光镜，它可以滤过特定偏振方向的光，而将其他的光阻隔。所以，分光技术中会令将要展示给两眼的画面偏振方向互相垂直，叠加到屏幕上。观众戴上左、右镜片的偏振轴相互垂直的偏光眼镜，就能使得两眼接收到位移不一样的图像，产生立体的视觉效果。

（3）分时技术：分时技术的基本原理是将两个有偏移的画面在不同的时间播放。例如，在画面第一次刷新时播放左眼的画面，并遮住右眼，下一次刷新时播放右眼的画面，遮住左眼。在画面刷新和眼睛遮挡频率很快的情况下，根据人眼视觉暂留的特性就能合成连续的画面。目前，用于遮住左右眼的眼镜用的都是液晶板，因此也称为液晶快门眼镜。

（4）光栅技术：光栅技术的基本原理是在显示器前端加上光栅，让左眼透过光栅时只能看到部分画面，右眼也只能看到另外一半画面，即左右眼看到不同影像并形成立体，此时无须佩戴眼镜。

有些显示器本身就集成了光栅。这种显示器的屏幕一般由两片液晶画板重叠组合而成，当位于前端的液晶面板显示条纹状黑白画面时，即可显示三维图像；而当前端的液晶面板显示全白的画面时，不但可以显示三维的影像，也可如普通显示器一样显示二维图像。

3. 真实感实时绘制

在虚拟现实的视觉绘制中，仅仅依靠立体显示技术来生成三维立体影像是不够的，虚拟世界的物体需要能依据对用户的输入实时生成、改变，这样才能产生“真实感”。这就涉及真实感绘制和实时性绘制相关的技术。

（1）真实感绘制技术：“真实感”一般指几何真实感、光照真实感和行为真实感。几何真实感指虚拟世界中的物体应该拥有与真实世界的物体非常相似的几何外观；光照真实感一般是指虚拟世界中的物体在光源照射下产生的明暗变化或镜面反射等效果要与真实世界中相一致；行为真实感指建立的对象的表现符合真实世界的客观规律。真实感绘制技术一般会受到硬件条件和图形处理算法的限制。

真实感绘制的主要任务是模拟真实物体的物理属性，即物体的形状、光学性质、表面纹理和粗糙程度，以及物体间的相对位置、遮挡关系等。常采用纹理映射、环境映射与反走样技术来增加虚拟物体显示的逼真程度。

①纹理映射主要是通过提升虚拟物体表面细节处的真实度来使得物体更加逼真。它的主要方式是在虚拟物体的几何表面上贴上细腻的纹理图像，使得物体在表面的细节处和真实物体更加相似。这种方式实质上是将三维模型转换为一个个局部的二维表面来进行纹理贴图，从而完成一个三维模型的纹理映射过程。

②环境映射用于实现虚拟物体在光照等的作用下拥有的物体表面镜面反射、明暗变化和规则透视等与真实世界相一致的效果。它的实际实现过程仍是用纹理图像贴于物体表面的方式来完成的。

③走样是指图像由于像素太低，而部分失真的现象。相对的，反走样指的是用提高图像像素密度的方式减少图像失真的方法。反走样的一种具体方法是以两倍的分辨率绘制图形，再由像素值的平均值计算正常分辨率的图形。另一种方法是计算每个相邻元素对一个像素点的影响，再将其加权求和得到最终像素值。

（2）实时性绘制技术。要做到“实时性”一般有以下三点要求：虚拟世界中的画面更新速度必须足够快，要至少达到人眼察觉不出画面闪烁的效果；必须对虚拟世界中物体的姿态和位置进行实时计算并动态进行绘制，以满足描述其姿态变化和运动的需要；必须对用户的输入及时做出相应的反应，以满足虚拟现实系统的交互性。

实时绘制技术的任务就是在一定时间内完成三维虚拟场景的绘制。一般的虚拟场景绘制的流程是先进行几何外形和轮廓的绘制，然后利用纹理映射、环境映射来渲染真实感，最后进行实时的画面输出。这对计算机的硬件和软件都有较高的性能要求，计算机需要有足够的运行速度和强大的图形显示能力。

一般通过提高图形显示能力、降低虚拟场景复杂度的方式提升实时绘制的效果。图形显示能力的提升通常只能通过提高计算机运行速度来达到，而降低场景复杂度的方法有以下几种：

①预测计算：根据各种运动的方向、速率和加速度等运动规律，在下一帧画面绘制之前用预测、外推的方法推算出手部跟踪系统及其他设备的输入，从而减少输入设备产生的延迟。

②脱机计算：在实际应用中尽可能将一些可预先计算的数据进行预先计算并存储在系统中，运行时直接调用，加快运行速度。

③ 3D 剪切：针对可视空间剪切，将一个复杂的场景划分成若干子场景。通过剔除虚拟环境在可视空间以外的部分，有效地减少在某一时刻所需要显示的多边形数目，从而降低场景的复杂度，减少计算量。

④可见消隐：系统仅显示用户当前能“看见”的场景，当用户仅能看到整个场景很小部分时，系统仅显示相应场景，从而大幅减少所需显示的多边形的数目。

⑤细节层次模型（Level of Detail，LOD）：对场景中不同的物体或物体的不同部分，采用不同的细节描述方法。对于虚拟环境中的一个物体，同时建立几个具有不同细节水平的几何模型。通过对场景中每个图形对象的重要性进行分析，对最重要的图形对

象进行较高质量的绘制，而对不重要的图形对象采用较低质量的绘制，在保证实时图形显示的前提下，最大限度地提高视觉效果。

（二）并行绘制

并行绘制是指同时对多个图形，或者同一图形的不同部分进行绘制，这样做能够充分利用计算资源，避免计算资源闲置，让所有的计算资源的利用率都尽可能地提高。为了充分发挥并行绘制的优势，首先需要详细了解图形绘制流水线，然后再有针对性地设计并行绘制方法。

1. 图形绘制流水线

虚拟现实中的图形绘制，是应用视觉绘制的各种相关技术原理，基于计算机的软件和硬件，将虚拟世界中的三维几何模型转变为二维的场景并呈现给用户的一个过程。

一般图形绘制是按照几个较为固定的阶段进行。这种工作方式与工厂的生产流水线类似，把一个重复的过程分成若干子过程，子过程之间相对独立，所需要的计算资源也都有所不同。

不同任务中，流水线的划分略有不同，一般情况下图形绘制流水线可分为三个主要阶段。

（1）应用程序阶段：这一阶段使用软件编程方法通过计算机 CPU 或图形处理器（Graphic Processing Unit，GPU）完成。GPU 又称显示芯片，是显卡中负责图像处理的运算核心。该阶段要完成建模、加速计算、动画、人机交互响应用户输入（如鼠标、数据手套、跟踪器）等任务，以及触觉绘制流水线一些任务。这一阶段需要为绘制的内容（多边形）提供几何处理。这些多边形都是图元（如点、线、三角形等），最终需要在输出设备上显示。

（2）几何处理阶段：几何处理阶段由几何处理引擎（Geometry Engine，GE）完成。该阶段是从三维坐标变换为二维屏幕坐标的过程，包括模型变换（坐标变换、平移、旋转和缩放等）、光照计算、场景投影、剪裁和映射。其中，光照计算使场景具有明暗效果，根据场景中模拟光源的类型和数目、材料纹理、光照模型和大气效果计算模型（通常为三角形）的表面颜色，以增加场景的真实感。

（3）光栅化阶段：该阶段是通过硬件实现的，由光栅化单元（Rasterizer Units，RU）完成。这一阶段把几何处理阶段输出的几何图形信息（坐标变换后加上了颜色和纹理等属性）转换成视频显示器需要的像素信息，即把几何场景转化为图像。此阶段一个比较重要的功能是执行反走样。

2. 并行绘制方法

考虑到图形绘制阶段化的特点以及绘制过程的流水线结构，可应用到图形绘制过程中的并行绘制方法有流水线并行、数据并行和作业并行。

（1）流水线并行：流水线并行是最常见、最易实现的并行方法。图形绘制流水线分为几个固定阶段，一些不同的阶段可能会占用不同的软件、硬件资源，所以可以采用流水线并行执行的方式提高资源的利用率，从而提高绘制效率。

但是，流水线并行的方法有一定的局限性。在流水线作业中，后一阶段需要前一阶段输出的结果来作为输入才能开始执行，因此流水线整体的速度将受限于最慢的那个阶段所需的时间，并且划分过多的阶段也会影响并行效果。

（2）数据并行：数据并行方法中，数据会被划分成子数据流，在一些相同的处理模块上对这些子数据流进行处理。数据并行方法的优点是绘制流水线阶段数不会影响并行的效果，但它会受制于系统中的通信带宽，以及相同处理模块的数目。

该方法在数据相关性较弱的绘制过程中能达到较高的并行度，效果明显，并且数据并行方法具有很好的扩展性，常被用来构建大规模的并行绘制系统。

（3）作业并行：作业并行主要应用在流水线中有独立分支的情况。如果一条图形绘制流水线有多个独立分支，就能在绘制流水线中用多个进程对某些独立分支进行处理，使其并行执行。作业并行的瓶颈在于流水线中独立分支的数量以及独立模块之间的差异性。

3. 并行图形绘制系统的实现

并行绘制系统需要有相应的硬件设备支持才能真正发挥作用。当前，主要有以下两种方式来构建并行图形绘制系统。

（1）基于高端多处理器和高性能图形工作站：用高端多处理器和高性能图形工作站实现并行图形绘制系统是最传统的方式。例如，SGI 采用 Sort-middle 方法实现的 Infinite Reality 系统，通过顶点总线对像素片段生成器进行广播，每秒可绘制 700 万个三角面片。此外，UNC 采用 Sort-last 方法实现的 PixelFIow 系统，采用全图像合成方法实现了可伸缩的并行图像处理，并采用像素流结构实现真实感图像的绘制。这种方式最大的缺点是价格高昂，成本居高不下。

（2）基于 PC 集群：随着高性能微机图形卡的出现，基于 PC 集群构建并行图形绘制系统已成为新趋势。相较于高端处理器与高性能工作站，PC 集群价格低廉，性能也很可观。

Alamos 实验室采用流水线并行、数据并行和作业并行方法，在集群环境下实现了对海洋模拟数据的并行绘制。我国在并行绘制方面进行了相关探索，在集群环境下基于 VTK（Visualization Toolkit，用于三维计算机图形学、图像处理和可视化的开源软件）实现了对人体头部 CT 扫描数据的并行绘制。

三、声音渲染

良好的声音渲染能提升沉浸感，使用户真正体验到“声临其境”。虚拟现实系统的声音渲染技术是在对人类的听觉系统充分了解之后，利用人类听觉系统的特性开发完成的。

三维虚拟声音能够在虚拟场景中使用户准确地判断出声源的精确位置，符合人们在真实世界中的听觉方式，其技术的价值在于使用多个扬声器模拟出环绕声的效果。

人们生活中常常听到立体声的概念，立体声就是指有空间立体感的声音。自然界中的各种声音都是立体声，但是这些立体声如果被采集下来，经过一系列的处理后再重放出来，所有的声音都只由一个扬声器播放出来，这时的声音就不再是立体声了，而称为单声。立体声技术就是指将采集到的立体声经过一定处理，最后重放时还能够恢复一定程度的立体感。最常见的方式就是采用多扬声器的方式来营造声音从四面八方传来的空间立体感。

为了实现可以听声辨位、身临其境的沉浸式体验，虚拟现实声音技术需要能够产生 360° 的空间声场。通过一系列的录音技术、回放技术以形成全景声音方案。下面从采集和回放方面分别介绍虚拟现实中的声音技术。

（一）声音采集

目前主流的虚拟现实声音采集方案，主要分为双耳录音（Binaural recording）和数字化模拟的 3D 音频技术。

双耳录音也称人头录音，主要利用头相关传输函数（Head Related Transfer Function，HRTF）原理，通过仿真或真实人头方式录制真实声场的音频。简单而言，就是将两个微型全指向性话筒安置在一个与真人头几乎一模一样的假人头的耳道内（接近人耳鼓膜的位置），模拟人耳听到声音的整个过程。这种声场的采集方式比较自然，但不够自由，主要应用在影视及音乐制作中。

数字化模拟的 3D 音频技术则是基于数字化技术模拟 HRTF，也就是通过多个方向的传声器采集声场信息，进行声场还原，再通过数字 HRTF 技术进行模拟，从而达到全景的回放。例如，诺基亚推出虚拟现实照相机 Nokia OZO，使用按照等边多边形方式摆放的 8 个声音传感器收集数据，然后通过声场还原出 360° 的声音信息，再通过数字 HRTF 运算加工为人可以感受的 VR 音频。这种解决方案的最大优点在于体积相对较小，拍摄时容易携带；但缺点是方向信息通过模拟产生，与实际声场有较大区别。Oculus Rift 和很多游戏中采用的就是数字 HRTF。

（二）声音回放

虚拟现实声音回放技术可以分为双耳回放和多通道回放两种方式，前者属于传统意义上的虚拟音频技术，后者源于多通道的 3D 空间音频技术。

双耳回放的主要设备是立体声耳机，音频来源主要有两种：一种是将 HRTF 双耳录音的音频，利用耳机回放出来，这一过程中尽可能真实地模拟人耳听到声音，还原出 360° 的声场效果，称为物理 HRTF；另一种数字 HRTF 则是通过数字化 HRTF 的算法，将普通的多声道或者多对象音频处理成虚拟的双耳音频，然后通过耳机回放出来。

另一种回放技术为 3D 声场重建技术，可分为基于物理声场重建的多声道音频技术和基于感知的声音场景重建的多声道音频技术两大类。物理声场重建技术的重要代表是基于球谐分解的声重放技术（Ambisonics）和波场合成技术（Wave Field Synthesis，WFS），基于感知的声音场景重建技术主要包括幅度平移技术（Amplitude Panning，AP）和基于头相关传输函数的双耳重建技术（HRTF），代表性的是基于多声道环绕声方式的空间音频重建技术。物理声场重建技术理论上可以达到对声场的精确重建，但需要的采集传声器以及回放扬声器数目较多，而环绕声重建方式对于空间音频的编码传输和回放较为方便，大多用于全景音频应用。例如，杜比全景声（Dolby Atmos），Fraunhofer IIS 推出的 MPEG-H 标准，主要为未来广播电视和流媒体设备而设计，可以实现基于声道或基于对象的沉浸式音频效果。

四、力触觉渲染

力触觉是除视觉和听觉之外最重要的感觉，是人类认识外界环境并与环境进行交互的重要手段。在用户与虚拟场景的交互之中加入力触觉类的交互，会使得虚拟环境变得更加逼真，极大地增强了可视化场景的真实性。

力触觉反馈主要分为两类：接触反馈（Touch Feedback）和力反馈（Force Feedback）。

1. 接触反馈

接触反馈主要是指用户在虚拟环境中能够感知到虚拟对象接触表面的几何外形、纹理、硬度、光滑度和温度等物理属性信息。例如，可以在一个光滑的屏幕上摸到按钮有“凹槽”“凸起”等触感，或者感知到某个虚拟物体的温度。

2. 力反馈

力反馈主要指在与虚拟环境进行交互的过程中，用户产生一定的输入到虚拟环境中，例如用手抓握手柄等操作，虚拟现实系统会给出一定的力的作用反馈。例如，抓握手柄后会感受到反作用力或者震动反馈的效果。

3. 力反馈设备与接触反馈设备的区别

（1）接触反馈只需要产生“真实摸到实物”的感觉，但是力反馈要求能提供真实的力来阻止用户的运动，这样就需要使用更大的激励器和更重的结构，从而使这类设备更复杂、更昂贵。

（2）力反馈需要牢固地固定在某些支持结构上，以防滑动和可能的安全事故，如操纵杆的力反馈接口就是不可以移动的，它们通常绑定在桌子或地面上。

（3）力反馈具有一定的机械带宽，机械带宽表示用户（通过手指附件、手柄等）感觉到的力的频率和转矩的刷新率（单位为 Hz）。

第三节　全景技术

一、三维全景概念

（一）三维全景

全景图（又称全景照片或全景 Panorama）是指大于人的双眼正常有效视角（大约水平 90°，垂直 70°）或双眼余光视角（大约水平 180°，垂直 90°）以上，乃至 360°

完整场景范围拍摄的照片。

三维全景（Three-Dimensional Panorama）是基于全景图像的真实场景虚拟现实技术，把照相机环 360° 拍摄的一组或多组照片拼接成一个全景图像，通过计算机技术实现全方位真实场景还原展示，并具有较强的互动性，能用鼠标控制环视的方向，可左可右，可上可下，可近可远，可大可小，使人有身临其境的感觉。

根据全景图外在的表现形式，通常可以分为柱形全景、球形全景、立方体全景和物体全景几类。

（二）全景视频

全景视频是一种用 3D 摄像机进行全方位 360° 拍摄的视频，用户在观看视频时，可以随意调节视频上下左右进行观看。

全景视频可以在拍摄角度左右上下 360° 任意观看动态视频，让人有一种真正意义上身临其境的感觉。全景视频不受时间、空间和地域的限制，不再是单一的静态全景图片形式，而是具有景深、动态图像和声音等，包罗万象，同时具备声画对位、声画同步和全景视频，表现出让传统的 720° 全景望尘莫及的效果。全景视频比起传统意义上的全景有了质、量、形式和内容的巨大飞跃。目前，全景视频大多运用于旅游展览或者城市介绍等。

（三）VR 视频

全景视频很好理解，就是有别于传统视频单一的观看视角，让人们可以 360° 自由观看。而 VR 视频在此基础上，还允许人们在视频里自由移动观看（提供场景中任意位置的 360° 自由视角）。

全景视频可以是 3D 的，也可以不是 3D 的，可以通过屏幕观看，也可以带上眼镜观看。而 VR 视频必须带上头显观看，且必须是 3D 的。

全景视频是线性播放的，也就是按照时间轴进行回放。而 VR 视频可以允许用户在同一时间，站在不同的位置观看（有点类似科幻电影里时间暂停，然后观察者在定格的时间和空间里任意移动，观看周围的人物和景物）。

所以，全景视频和 VR 视频最大的区别就是 VR 视频允许观看者在场景里自由地走动观察，但全景视频不行，拍摄的机位在哪里，观看者就必须在哪里，顶多只能原地 360° 观看。

二、VR 全景图的制作

本节介绍用 PTGui Pro 和 Pano2VR 制作 VR 全景图中的关键步骤，根据这些步骤可以制作出室内的或者室外的具有漫游热点、声音、文字的全景图，加强了与用户的互动效果。同时，列出了拍摄全景图时一些照相机的最佳工作参数、拍摄技巧，并展现了全景图的制作成果。

（一）VR 全景图介绍

VR 全景图是从多角度拍摄数张照片，或使用专业三维平台建立数字模型，然后再使用全景工具软件制作而成。可以使用 IE 浏览器或播放软件在普通计算机上观看，并用鼠标控制观察的角度，任意调整远近，仿佛置身于真实的环境之中，获得全新的感受。

PTGuiPro 的主要功能是把采集的照片进行拼接，Pano2VR 的作用是把拼接后的 JPG 图像进行处理，生成 swf 格式的全景图。软件使用比较方便、价格便宜，制作出来的全景图也比较清新，具有能够添加声音、热点和皮肤等功能。

（二）VR 全景图的制作

在制作全景图之前，要先安装软件 PTGui Pro、Pano2VR 及 Photoshop 软件。PTGui Pro 安装在 C 盘，Pano2VR 和 Photoshop 可以装在任选路径。全景图的制作步骤：

1. 加载图像

启动 PTGui Pro，加载要拼接的图片，这些相片由数码照相机采集。

2. 对准图像

选择“对准图像”，个别情况下，由于相邻图片之间明显的参照物太少，软件因无法找到足够的控制点而无法合成全景图，此时就需要手动添加控制点并进行优化，直到可以成功合成拼接全景图，最后创建全景图。

3. 拼接图片

在 PTGui Pro“创建全景图”选项卡的“输出文件”文本框中修改路径及文件名（路径默认为原始相片的所在路径，一般不改，只修改文件名，如 li01. jpg），这些设置好以后单击“创建全景图”按钮即可。

4. 生成全景图

启动 Pano2VR 软件，输入刚在 PTGui Pro 软件中拼接好的 li01. jpg）文件。默认类型是“自动”，保持路径不变，单击“确定”按钮。在“输出”选项组的“新输出格式”下拉列表框中选择 flash，单击“增加”按钮，弹出“flash 输出”对话框，单击“确定”即可生成三维全景图，文件扩展名为“.swf”。

（三）去除天和地中的“黑洞”

前面介绍了三维全景图的制作过程，但是全景图在旋转到地面时，有时会出现一个黑洞，天空中也会出现黑洞。必须把这个黑洞去除掉，下面就介绍去除黑洞的方法。

1. 导入数据

启动 Pano2VR 软件，单击“选择输入”按钮，弹出“输入”对话框，在“全景图”中选择“打开”，选择刚才在 PTGuiPro 软件中拼接好的 li01. jpg）文件。默认类型是“自动”，保持路径不变，单击“确定”按钮。

2. 转换图片

在工具菜单中选择“转换到 QVTR/ 立方体”，在“转换全景”对话框中选择“添加文件”，在“输出”中选择“立方体面片，6 个单独的文件”，输出文件类型为“.tif”，其他参数不变。单击“转换”按钮后，发现图片转换成 6 个立方体面片，立方体面片对应 6 个 tif 格式文件的图片，前 4 个文件 li01.front.tif、li01.right.tif、li01.back.tif、li01.left.tif表示水平方向的4张图片，li01.top.tif表示天，li01.bottom.tif表示地。一般情况，前 4 个文件都不需要修改，个别时候表示“天”的那张图片要用 Photoshop 处理（方法和处理地的方法一样）。表示“地”的那张图片一般都有一个黑洞，要用 Photoshop 把它修补好。

3. 在 Photoshop 中处理图片

在 Photoshop 中打开 li01.top.tif 和 li01.bottom.tif 文件，在工具栏中选择“修补工具”，然后选择“目标”，用鼠标选择一块颜色正常的区域，把这个区域拖动到黑色的区域即可。若一次操作没有完全去除黑色区域，可以多次操作该步骤。注意，在 Photoshop 中处理完图片后一定要保存图片（不需要另存）。

4. 生成完整的全景图

继续打开 Pano2VR 软件（在 Photoshop 中处理图片时，Pano2VR 软件和 PTGui Pro 是不能关闭的，最小化即可），单击“选择输入”按钮，再单击“确定”按钮。

完成以上操作后，下方的黑洞就消失了，再次单击“转换输入的图片”按钮，把宽改为和 PTGui Pro 中的宽度一样。在“输出文件”文本框中输入 li01.tif。最后单击“转换”按钮，就制作成了一个完整的 tif 格式的图片。

在 Pano2VR 软件的“输出”选项组的“新输出格式”下拉列表框中选择 flash，单击“添加”按钮后再单击“确定”按钮即可生成一个完整的三维全景图。虽然这个全景图已经可以使用，但是还不够完整，在实际制作过程中，一般把图片拼接好后立刻把天和地修补好，然后再添加热点、声音、文字等功能。

（四）添加热点、声音、文字等功能

为了使制作的全景图更加生动，可在全景图里面添加漫游热点、声音和文字等。热点相当于两个全景图之间的超链接，单击“点型和交互热区”选项卡，进入热点设置界面。双击图片出现一个红色的“热点”，在“标题”文本框中输入标题内容，如输入“去往海边房屋”（生成的全景图中，鼠标放在红色的漫游按钮上显示的内容为标题内容）。在 URL 文本框中输入要链接的 Flash 文件，如 fangwu.swf。如果需要设置多个热点，在想要添加热点的地方双击即可添加。设置完成后单击“确定”按钮。

在 Pano2VR 的“媒体”选项组中，单击“修改”按钮，进入“媒体编辑器”对话框，双击某个区域，并在文件名中选择想要加入的媒体文件。设置完成后单击“确定”按钮。

在“皮肤”设置中，可以添加文字和一些功能按钮。

第四节 Unity 技术

Unity3D 是由 Unity3D Technologies 开发的一个可以让开发者创建诸如三维视频游戏、建筑可视化、实时三维动画等类型互动内容的多平台综合型开发工具。Unity3D 类似于 Director、Blender Game Engine、Virtools 或 Torque Game Builder 等，是利用交互的图形化开发环境为首要方式的软件，其编辑器运行在 Windows 和 Mac OS X 下，可发布项目至 Windows、Mac、Wi、iPhone、WebGL（需要 HTML5）、Windows Phone8 和 Android 平台，也可以利用 Unity3D Web Player 插件发布网页版，并支持 Mac 和 Windows 的网页浏览，其网页播放器也被 Mac 所支持。用户无须二次开发和移植，就可以将产品轻松部署到相关的平台，节省了大量的时间和精力。

利用 Unity3D 引擎，结合网络技术，可以将非物质文化遗产的展示、保护提高到一个崭新的阶段。首先表现在将非物质文化遗产实体通过影像数据采集手段建立三维实物或模型数据库，保存非物质文化遗产原有的各种形式的数据和空间关系等重要资源，实现濒危非物质文化遗产资源科学、高精度和永久的保存。其次，利用这些技术提高非物质文化遗产修复的精度，预先判断、选取将要采用的保护手段，同时可以缩短修复工期。通过计算机网络来整合统一大范围内的非物质文化遗产资源，并且通过网络在大范围内利用虚拟技术更加全面、生动、逼真地展示非物质文化遗产，从而使非物质文化遗产脱离地域限制，实现资源共享，真正成为全人类可以拥有的文化遗产。利用 Unity3D 引擎实现虚拟非物质文化遗产仿真可以推动文博行业更快地进入信息时代，实现非物质文化遗产展示和保护的现代化。

使用 Unity3D 进行产品开发时，大都需要通过代码实现产品的功能。由于产品功能的复杂性，需要对代码进行规范的设计管理。如果代码的设计随意，当实现比较复杂的产品功能时，代码的耦合性可能会较高，影响产品的开发进度及效率。耦合性就是类与类之间的关系，如果类与类之间存在调用与被调用的关系，被调用的类如果发生改变会严重影响使用调用它的类的改变，这就说明此类代码的耦合性是极高的。所以，很多框架设计主要的逻辑方向就是解耦，解耦通过创建中间层，将调用方与被调方之间的影响降到最低。本节主要介绍 MVC（模型、视图、控制器）和 ECS（Entity Component System，实体组件系统）这两个常用框架。

MVC 框架主要是将数据 Modal 层——M 层、逻辑控制层——C 层、视图层——V 层三者进行分离。M 层用于保存数据；V 层是视图层，即能看见的所有内容都是 V 层的，例如场景或者一个游戏对象（GameObject）；C 层为逻辑控制层，V 层与 M 层之间的交互是通过 C 层进行的。例如，M 层用户点击跳转场景按钮，此时 M 层将此消息发送给 C 层，C 层接收后访问至 M 层，获取到将要跳转的场景名称：之后 C 层将场景名称反馈到V层，V层根据名称进行跳转，确保了M和V的同步，一旦M改变，V层实现同步更新，大大提高了开发的便捷性。

ECS是一个Gameplay（开源的3D引擎）层面的框架，它是建立在渲染引擎、物理引擎之上的，主要解决的问题是如何建立一个模型来处理对象的更新操作。

传统的很多引擎是基于面向对象来设计的，每个对象有一个名为Update的方法，框架遍历所有的对象，依次调用其Update方法。有些引擎甚至定义了多种Update方法，在同一帧的不同时机去调用。这么做其实是有极大缺陷的，因为对象是由很多部分聚合而成的，引擎的功能模块很多，不同的模块关注的部分往往互不相关。例如，渲染模块不关心网络连接、产品对象处理不关心模型种类等。从自然意义上说，把产品对象的属性聚合在一起成为一个对象是很自然的事情，对于这个对象的生命周期管理也是最合理的方式。但对于不同的业务模块来说，针对聚合在一起的对象做处理，把处理方法绑定在对象身上就不那么自然了。这会导致模块的内聚性很差，模块间也会出现不必要的耦合。

ECS中的E，也就是Entity，即传统引擎中的GameObject。但在这个系统下，它仅仅是部件的组合，它的意义在于生命周期管理。C和S是这个框架的核心，system系统，也就是上面提到的模块。对于产品开发来说，每个模块应该负责开发的一部分，要么作用于同类的一组对象的单个个体，要么关心这类对象的某种特定的交互行为。例如，碰撞系统只关心对象的体积和位置，不关心对象的名字、连接状态和音效等：也不一定关心所有对象，如关心那些不参与碰撞的装饰物。所以，对每个子系统来说，筛选出系统关心的对象子集并展示出所关心的数据就是框架的责任。

第五节　增强现实技术

博物馆不断地向外延伸的另一方面是那些非物质文化遗产，传统手工艺之所以能够传承也不再只是单纯的手工艺，不是为了传统的手工艺而手工艺，也不是只为了保存这些历史而不继续前进。一些传统的手工艺人已经改变了他们原有的思维，正在进行变革，只是步伐需要更快，快速地融入科学技术中。传统文化成为新型文化的一部分，新型文化将极大推进文化创意产业经济提升。传统的手工艺美术产品是如此热切地需要融入现代科学技术，给人们更多的艺术体验，以保证无论如何变迁，演绎都不会消失。现代的开源理念、开源程序、开源机器人等，都是共享、共创、众包的一部分。人们可以把一个开源产品变得更好，因为它是属于大家的，感兴趣的人都可以来参与，从设计到研发，再到制作。我们的传统手工艺也可以采用开源的方式，经过开源授权使得传统手工艺能够千变万化，绵延不断。

随着科学技术的发展，博物馆的外延使得更多的人能够在博物馆中参观学习，人们的生活将变得更加美好。人们的参与度越来越高，对于博物馆经济也不例外。使用户参与和体验的关键是创意内容，一个好的创意内容能给民众以正确的引导。未来商业的几大趋势之一是商业组织进化为心灵组织，如何通过创意使得参观、学习、展示向引导民众心灵方向发展，从而更加自然地提高人们的兴趣和热情，创意内容成为关键。如果在使用新技术完成一个作品时，创意内容是低俗，甚至是恶俗的，短期有可能吸收更多的客户，但不能持久。同时，也不能得到更广泛的推广和代代相传。人们经常发现一个事实是，那些不朽的作品是能够给任何人长期看的，即使是几岁的孩子。人们越来越需要良性的创意内容给予心灵上的引导。这也对创意人才提出更高的要求，创意设计人才需要具有博学的知识、多学科的知识，对各种发展趋势具有敏锐的感知力，才能做出符合要求的创意内容，这也体现进入知识经济时代的特征，要求在民众上游的创意设计者具有非常丰富的知识。北京商报2020年9月讯：据联合国教科文组织的统计，全球文化创意产业创造产值达2.25万亿美元，从业人数为2 950万。完全有理由相信未来将会有越来越多的行业融入创意内容，各行各业、产业交叉将加剧，就像学科交叉一样。

增强现实技术是博物馆将升级的关键技术之一，使用增强现实技术，对推动博物馆经济和博物馆参观升级将起到一定的作用。使用增强现实技术可以提高参观学习效率，提高博物馆参观流动速度，提高参观者参观热情，可形成一种文化。同时也为导览行业提供了一种新的思路。对于城市中的博物馆，可以采用非实体参观的经济方式，例如，将增强现实标识贴在博物馆的民俗展示馆里的物品上，可以了解物品的年代、制作材料、制作工艺及制作过程等，可以制作成视频、动画，也可以虚拟制作。

一、增强现实的基本组成与原理

增强现实系统是由一组紧密联结、实时工作的硬件部件与相关的软件系统协同实现的，其基本组成如图 3-1 所示。

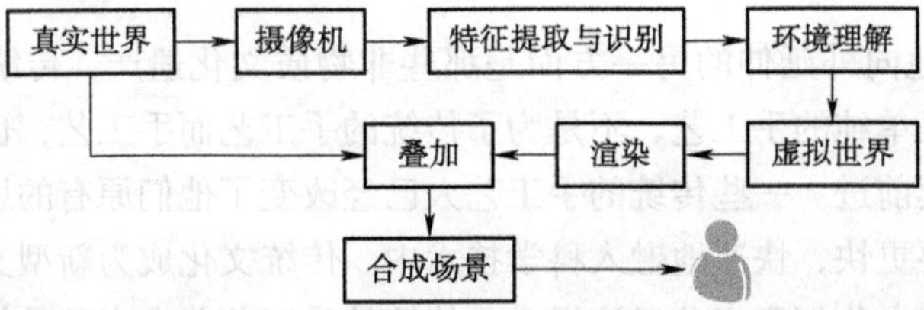

图 3-1　增强现实系统的基本组成与工作原理

增强现实（Augmented Reality，AR）不同于 VR 的显著区别在于系统中包括真实世界。图 3-1 中，摄像机对真实世界进行拍照和录像，经过特征提取与识别后，由 AR 系统进行环境理解，然后根据实体模型产生对应的虚拟世界，通过渲染等后期处理后，同真实世界进行叠加形成合成场景，最后反馈给用户。从反馈方式看，AR 系统有三种形式：①基于显示器的显示技术；②基于光学透视式显示技术；③基于视频透视式显示技术。以上三种 AR 显示技术中，计算机处于不同的位置，决定了它们实现策略在性能上各有利弊，如图 3-2 所示。

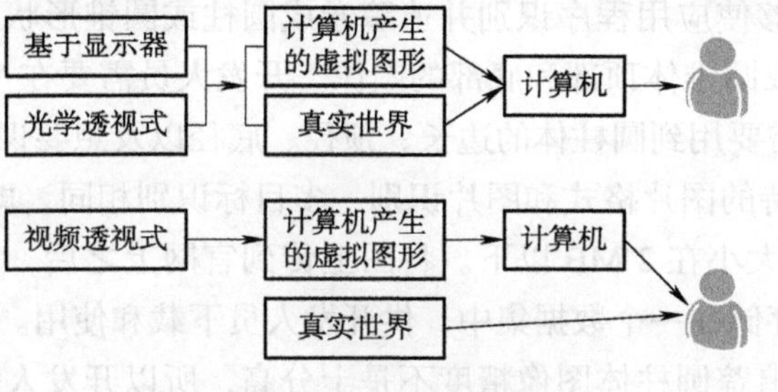

图 3-2 三种 AR 显示技术

二、Vuforia 核心功能

增强现实的应用领域广泛，在增强现实开发中常见的插件有 Vuforia、Metaio、Esay AR 和 ARToolKit，这些插件各有优缺点。Vuforia 在移动平台有非常好的兼容性，支持 Android 和 iOS 开发，但是它并不支持 Mac 平台的开发。与 Vuforia 相比，Easy AR 较为全面，它可以很好地支持 PC 和 Mac 平台的开发，并且支持移动应用的开发，但是不如 Vuforia 的兼容性好。Vuforia 插件可以使开发者在 Unity3D 中很方便地进行增强现实开发。

下面主要对 Vuforia 核心功能进行介绍。

（一）图片识别

Vuforia SDK 可以对图片进行扫描和追踪，通过摄像机扫描图片时，在图片上方出现一些设置的 3D 物体，这种情况适用于媒体印刷的海报以及部分产品的可视化包装等。处理目标图片有两个阶段，首先需要设计目标图片，然后上传到 Vuforia 平台上进行目标处理和评估。评估结果有 5 个星级，星级越高表示图片的识别率也越高。为了获得较高的星级，在选择被扫描的图片时需要注意以下几点：

（1）选择图片建议使用 8 位或 24 位的 JPG 或只有 RGB 通道的 PNG 图像及灰度图，且每张图片的大小不能超过 2 MB。

（2）图片目标最好是无光泽、较硬的材质卡片，因为较硬的材质不会有弯曲或褶皱的地方，可以使摄像机在扫描图片时更好地聚焦。

（3）图片要包含丰富的细节、较高的对比度及较低的重复度，例如街道、人群、运动场等场景图片。重复度较高的图片星级往往比较低。

（4）轮廓分明、有棱有角的图星级较高，其追踪和识别效果较好。

（5）扫描图片时，环境也是十分重要的因素，图片目标应该在漫反射灯光照射下和适度明亮的环境中，图片表面被均匀照射，这样有利于收集图片信息，并有利于 Vuforia SDK 的检测和追踪。

（二）圆柱体识别

圆柱体识别能够使应用程序识别并追踪卷成圆柱或圆锥形状的图像。它也支持识别并追踪于圆柱体或圆锥体顶部和底部的图像。开发人员需要在 Vuforia 官网上创建圆柱体目标，创建时需要用到圆柱体的边长、顶径、底径以及想要识别的图片。

圆柱体识别支持的图片格式和图片识别、多目标识别相同，即 RGB 或灰度模式的 PNG 和 JPG 图片，大小在 2 MB 以下。将图上传到官网上之后，系统会自动将提取出来的图像识别信息存储在一个数据集中，供开发人员下载和使用。

目前的识别和追踪圆柱体图像精度不是十分高，所以开发人员在制作增强现实类应用时还需要注意一些细节，通过一些方法来使用户能够具有舒适的用户体验。具体方法如下：

（1）不要使用玻璃瓶等能够产生强烈镜面反射的物体，这样会影响到追踪和识别的精度。

（2）在选用的物体上，图像要能够覆盖住整个物体并提供很丰富的细节信息。

（3）当想要从物体的顶部或底部识别物体时，合理地设置物体顶部和底部的图像很重要。

（4）物体的表面图像不应选择大量重复的相同图片。如果选用这样的物体，会在识别时产生朝向歧义，影响识别效果。

（三）多目标识别

除了图片识别和圆柱体识别之外，还可以立方体盒子作为识别目标。立方体是由多个面组成的，当一张图片的图片识别无法实现时，就需要采用多目标识别技术，即将所要识别的立方体六个面以及长、宽、高等数据上传。

多目标识别对象为立方体，共有六个面，每个面都可以被同时识别，这是因为它们所组成的结构形态已经被定义好，并且当它的任意一个面被识别时，整个立方体目标也会被识别出来。虽然将立方体的六个面数据分开上传，但这六个面是不可分割的，系统识别的目标为整个立方体，所要识别的立方体目标其实是由数张图片目标组成的。这些图片目标之间的联系由 Vuforia 目标管理器负责，并且存储在 XML 文件中，开发者可以修改 XML 文件，并且也可以配置立方体目标。

多目标识别作为增强现实技术最基础的识别方法之一，与图片识别相比，用户可以扫描身边的具体物体，更加具体，也更富有乐趣。但其缺点是不如图片识别方便快捷。多目标识别通常用于产品包装的营销活动、游戏可视化产品展示等。

（四）文字识别

Vuforia SDK 不但可以通过扫描进行图片识别，还提供了文本识别功能。它一共提供了约 10 万个常用单词列表，可以识别属于单词列表中的一系列单词。此外，开发人员可对该列表进行扩充。在开发过程中，可以将文本识别作为一个单独的功能或者将其和目标结合在一起共同使用。

文字识别引擎可以识别打印和印刷的字体，无论该文本是否带有下画线。字体格式包括正常字体、粗体、斜体等。文本目标应被放置在漫反射灯光照射的适度明亮环境中，保证该文本信息被均匀照射，有利于 Vuforia SDK 的检测和追踪。

（五）云识别

云识别服务是在图片识别方面的企业级解决方案，它可以使开发人员能够在线对图片目标进行管理。当应用程序在识别和追踪物体时会与云数据库中的内容进行比较，如果匹配就会返回相应的信息。所以，使用该服务需要良好的网络环境。

云识别服务非常适合需要识别很多目标的应用程序，并且这些目标还需要频繁地进行改动。有了云识别服务，相关的目标识别管理信息都会存储在云服务器上，这样就不需要在应用程序中添加过多的内容，且容易进行更新管理。但目前云识别还不支持圆柱体识别和多目标识别。

开发人员可以在目标管理器（Target Manager）中添加使用 RGB 或灰度通道的 JPG 和 PNG 格式的图片目标，上传的图片大小需要在 2 MB 以下，添加后，云服务会将图片的特征信息存储在数据库中，供开发人员下载和使用。

第四章 信息技术在铜鼓文化动态保护与活态传承中的应用

随着计算机技术和互联网技术的发展，信息技术对社会文化的影响日益深刻。文化的发展与科技的进步始终是密不可分的，两者同根同源，共生共长，相互促进。高速发展的信息技术为民族传统文化遗产的保护、传播和发展开辟了全新的道路。数字化的文化遗产资源具有保存介质环保、流通途径广泛、文化传播即时、旅游消费大众化等优势。因此，文化遗产数字化保护与传播成为信息技术应用领域的重要研究方向。

随着计算机多媒体技术的广泛应用，文化遗产数字化保护与传播从数字艺术馆、数字图书馆、数字博物馆逐渐扩大到遗迹空间的数字化复原以及名胜古迹的数字化虚拟体验，为世界文化遗产的传播提供了便捷的途径，也为相关研究领域提供了丰富的资源。数字化涵盖了文化遗产的内容并超越了其不可接触遗产的范畴，文化遗产数字化建设已经展示出人类文化史上的又一次空前的“媒介转移”。2002 年，文化部①启动“全国文化信息资源共享工程”计划，旨在利用科技手段整合优秀传统文化和全国各类文化信息资源，通过网络为社会公众提供服务。2005 年，国务院正式颁发《关于加强我国非物质文化遗产保护工作的意见》，明确提出了文化遗产的五项保护措施，其中包括“使用文字、录音、录像、数字化多媒体等手段，对保护对象进行真实、全面、系统的记录”，以及“通过大众传媒和互联网的宣传，加深公众对该项遗产的了解和认识，促进社会共享”。2012 年，国务院进一步强调要加强保护优秀传统文化。保护中华文化的多样性，必然要求保护优秀中华传统文化的完整性。因此，利用先进的信息技术对各个优秀中华文化遗产实施全面的数字化保护与传播，是新时代下发展中华文化的迫切需求，也是面向全世界传播中华文化的有效途径。

随着互联网技术的日益进步，人们可以足不出户地了解自己想知道的信息。因此，铜鼓博物馆应该抓住机会，积极建设博物馆网站，并设计铜鼓相关的板块，将馆藏铜鼓的照片、年代、各项数据、出土或搜集地点录入网站，方便观众浏览。此外，还要积极

①已于 2018 年 3 月改为文化和旅游部。

利用宣传册、宣传页等纸质材料以及网络社交工具、媒体、报刊等信息平台进行宣传，提高馆藏铜鼓对群众的吸引力，让群众走进来，有所看、有所闻、有所想。

目前，博物馆正在积极吸收现代科技发展带来的成果，如2016年在成都召开的第七届中国博物馆及相关产品与技术博览会上，四川金沙遗址博物馆和成都武侯祠博物馆展出了利用增强现实和虚拟现实技术及本馆特色人物与藏品符号制作的“指触魔卡”等纪念品，并推出了虚拟考古等VR体验，获得了观众们的喜爱。这种尝试在国内博物馆中并不多见，铜鼓博物馆也可以利用AR技术制作出有特色的铜鼓纪念品，还可以利用VR技术推出虚拟铜鼓演奏体验等。

第一节　铜鼓原始数据采集

20世纪90年代，有学者提出了“文化记忆”理论，在世界范围内产生了一定影响。1992年，联合国教科文组织发起“世界记忆工程”。2020年，ICIEA、虚拟考古博物馆与文化旅游国际研讨会、国际文化与科学遗产的数字表示与保存会议等多个国际学术会议提出将人工智能技术、虚拟现实技术应用于非物质文化遗产的数字保存与展示。国外Rena T、Gasimova、Rahim N、Abbasli、Octavian-Mihai Machidon等多个学者的研究表明，利用人工智能技术在处理数字化的历史文物资料、文献和文物，实现人机交互时具有很大优势。Woosik Lee等多位学者研究得出，流数据分析技术在保护物质文化遗产方面能发挥关键作用。

数据采集基本思路如图4-1所示。首先，梳理国内外学术界基于大数据、人工智能进行民族文化遗产保护的理论观点和研究现状，对照广西铜鼓文化保护的实际情况，结合作者近年来在这一学术领域的研究心得，提炼出本书的研究主题。其次，通过田野考察、文献收集、博物馆收集等方式整理铜鼓的原始素材，借鉴国内外在传统文化保护方面的成功经验，做好路径选择，从而建立铜鼓数字化资源网络平台和虚拟博物馆平台。通过平台实现铜鼓文化虚拟互动的资源的共建共享，结合平台建立动态的铜鼓文化遗产保护机制，为铜鼓研究的持续发展及铜鼓的保护与传承奠定基础。

在铜鼓文化资源的数据收集过程中，信息的来源分为多种不同途径，既有通过传统方式采集和传播的信息，如铜鼓文化资源或传承人所在地区，文化馆、图书馆或博物馆等现场档案资料、电视广播、报纸杂志等传统传媒发布的信息，又有利用新媒体传播和保存的信息，如网页、电子数据库、铜鼓文化网站、微博、微信公众号、论坛、社交平台等。这些信息有同构、异构的不同特性，也有结构化、非结构化或半结构化的不同属性，需要利用不同的数据处理方式进行加工。另外，我国铜鼓文化遗产资源种类繁多，每一项都有自己独有的特征和关键词，除了利用上述途径查询到的相关信息，还应通过查找历史书籍或相关典藏资料，收集铜鼓文化有关的历史背景、发展基因、民族特性等，收集更多的关键词以及包括朝代、年限、相关人物、作用、分类及其他周边词汇，以提高数据的完整性，保证后续数据处理和分析的有效性和更大效能。

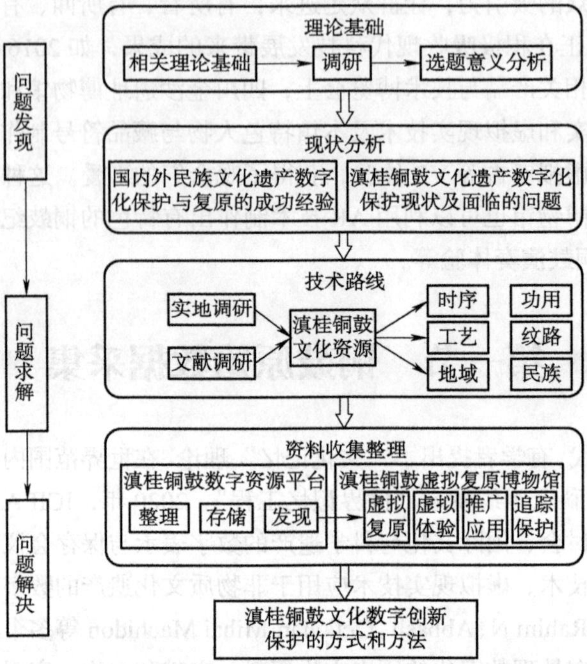

图 4-1　数据采集基本思路

例如，东兰民间铜鼓收藏馆对铜鼓文化的展示。东兰县，隶属广西壮族自治区河池市，总面积 2 415 平方公里，地处广西西北部、云贵高原南缘、红水河中游。东兰县位于中、南亚热带之间的季风气候区，辖 6 镇 8 乡，县政府驻东兰镇。东兰县常住人口 22.35 万人，其中城镇人口 5.23 万人。2006 年，东兰县被文化部命名为“中国民间铜鼓文化艺术区”；而东兰县又是现存铜鼓数量最多的县份，2009 年，文化部将东兰誉为“世界铜鼓之乡”。东兰县 1988 年开展第一次文物普查就发现民间传世铜鼓多达 357 面。2003 年河池市文化局组织第二次铜鼓普查，发现铜鼓 504 面，分布于 11 个乡 77 个行政村，仅民间铜鼓数量就让人赞叹。由于铜鼓数量之多，东兰民间铜鼓收藏馆便将民间铜鼓藏于此馆，供人参观、学习和欣赏。

东兰民间铜鼓收藏馆是一家以收藏民间铜鼓为主的陈列馆，馆内收藏铜鼓 150 多面，该馆于 2011 年建成。馆内工作人员共四人，分别为馆长、讲解员、保安、铜鼓保洁员。东兰民间铜鼓收藏馆具有展示、学习、传承民间铜鼓文化等功能，馆内设置五个展厅，分别为鼓王厅、鼓源厅、鼓福厅、鼓庆厅、鼓神厅。

进门第一个馆为鼓王厅，陈列着一个巨大的铜鼓，墙上壁纸介绍铜鼓文化的历史渊源，让游客进馆第一眼就被铜鼓悠久的历史文化所吸引。第二个馆为鼓源厅，里面除了铜鼓外，还陈列有一个按照东兰县城缩小的沙盘模型，从沙盘上大致可以看到东兰乡镇收藏铜鼓的大致情况，可以让游客对“铜鼓之乡”的地理位置、民间铜鼓收藏有一定的了解。第三、第四个馆鼓福厅、鼓庆厅连在一起，里面陈列的铜鼓很多，大大小小、形状各异，供游客欣赏。最后一个馆鼓神厅除了陈列铜鼓外，还介绍了老馆长和铜鼓的渊源：馆内铜鼓为老馆长在东兰及周边乡镇收藏所得。老馆长年轻时为当地医生，经常往返于乡镇治病。那时的病人多是穷苦农民，没钱支付药费，这种情况下老馆长也不会勉强病人支付费用。长此以往，农民们受到老馆长的帮助，实在过意不去，便将家里的铜鼓赠送给他。那时老馆长见到农民家里大大小小、形状各异的铜鼓，便对它们产生了浓厚的兴趣。农民们热情相赠，老馆长觉得推拖下去也不是办法，于是就再支付一些费用，将铜鼓购买下来。等到老馆长年老了，没有精力继续行医，便基于从农民家里购买的 100 多面铜鼓建成这个民间铜鼓收藏馆，将东兰铜鼓文化传承下去。

东兰民间铜鼓收藏馆除展示铜鼓外，还是东兰非遗学习基地。馆内每年都会接待全国各地学校、行政单位、公司的民族文化学习与培训。

位于广西南宁的民族博物馆和自治区博物馆是负责保管和展示区级铜鼓文物的机构，两馆均有固定的铜鼓文化专题展厅。而东兰民间铜鼓收藏馆无论建馆规模、参观人员都远不及以上两馆，但是相比民族博物馆和自治区博物馆，民间铜鼓收藏馆有其特点和存在意义。

第一，民间铜鼓收藏馆具有乡土性，东兰被称为“铜鼓之乡”，是世界上民间传世铜鼓收藏量较多的地方。在此建馆具有宣传、展示东兰民间铜鼓文化的意义。为“铜鼓之乡”树立实践典型，激发人们关注和热爱民间铜鼓文化。

第二，收藏馆接待的旅客有专家、学者、地方政府工作人员等，作为东兰非遗学习基地，该馆除了铜鼓展示功能外，有时还在馆内开展各种传统文化培训，对学习、保护和传承民间文化起到一定的作用，弥补官方遗漏在民间地区的文化传承。

综上所述，东兰民间铜鼓收藏馆已经成为一个具有展示、保护、传承铜鼓文化的平台，它传播了铜鼓文化、促进了铜鼓文化交流，使人们更了解民间铜鼓文化，从而让铜鼓文化一代代传承，这对保护和传承铜鼓历史文化具有重要的意义。

对铜鼓文化进行全面的数字化采集是整个铜鼓文化动态保护与活态传承工程的基础和前提。因此，必须组织专业人员认真做好调研，详细了解广西铜鼓文化资源的整体分布情况，确保数字化采集的完整性和系统性。

一、确保资源采集的全面性和完整性

（1）依据广西居民地域范围采集。应该逐个深入到这些人口聚居地对其文化遗产资源进行地毯式的调研和数字化采集。

（2）依据铜鼓文化的不同类型采集。例如，广西的铜鼓类型可以分为北流型铜鼓、万家坝型铜鼓、冷水冲型铜鼓、灵山型铜鼓等，而冷水冲型铜鼓根据分布地域又有冷水冲铜鼓（藤县）、大普化铜鼓（象州县）、理村铜鼓（桂平县）、宜州铜鼓（宜州市）、六谷铜鼓（宾阳县）和六鸣山铜鼓（邕宁县）等不同分类。因此，广西铜鼓应根据这些分类进行全面数字化采集。对文化遗产进行分门别类、逐层细分类型是防止资源采集遗漏的有效方法。

（3）对特殊遗产资源依据流程顺序进行采集。对一些特殊的遗产资源，特别是民族手工艺方面的，应根据其制作流程进行采集，以防遗漏重要的环节。例如，部分地区的铜鼓铸造通常使用泥型合范法和失蜡法，其中泥型合范法的铸造流程包括制模型、翻外范、做芯范（内模）、合范、浇注、拆范及整理、定音七个环节。数字化采集时必须注意这七个环节的完整性、各个环节之间的衔接性，在特殊操作环节中还应该进行多角度采集，尽可能不要遗漏细节。

所谓失蜡法，是指在蜡上雕刻出需要制作的器物（通常是具有复杂的纹理获造型），再用湿泥包裹，预留一到两个铸孔，阴干，入窑烧制，蜡受热会融化，自铸孔流出，而包裹在外的泥就被烧制成陶范，再按照常规的浇铸方法浇铸完毕，冷却，用小木槌轻轻敲碎陶范，器件铸造完成，这种方法在我国战国时期就已经出现。

（4）多方机构及人员通力合作、共享资源。除了广西铜鼓文化资源实地采集，还可以共享相关机构与研究者收集的资源，以便尽可能全面地采集广西文化遗产。

博物馆、档案馆、图书馆以及民族研究中心（所、学会）等机构所收藏的广西铜鼓文化资源各有特色，互为补充。这些机构（部门）之间需要通力合作、广泛共享所收藏（收集）的广西铜鼓文化资源。而高校民族学相关专业的研究者、收藏爱好者等个人私有的资源也应该尽可能地进行数字化采集，以最大限度减少原始资源的遗漏。

广西铜鼓文化遗产资源数字化采集是一项综合性的工作内容，跨越民族学、档案学、文物学、信息技术等几大专业领域，采集工作团队应该由来自这些领域的专业人员共同组成。此外，还可以按照区域组建数字化采集团队，如百色、河池、南宁和柳州四个地区可以分别组建四个采集团队，其他地区则可以根据人数规模与邻近地域组建若干采集团队。

二、保留广西铜鼓文化资源的本土性和原生态

数字化采集需要最大限度地保留广西铜鼓文化资源的本土性和原生态。也就是说，所有广西铜鼓文化资源都应尽可能地在广西聚居地进行实地采集。因为在众多节日庆典、婚丧农事仪式、戏剧表演等活动中，当地的自然环境就是最原始的舞台，当地的居民是演员也是观众。而舞台表演则是专业演员对铜鼓文化的一种跨地域的艺术再现。只有到现场进行实地采集才能够获得最本土性的资源。

当然，如果是一些已经消失、仅有文献记载或口述记录的铜鼓文化资源，则可以考虑从舞台艺术重现的角度进行数字化采集。广西铜鼓文化数字化采集应以本土性的原生态资源为主，专业性的民族艺术舞台表演资源为辅。

三、根据不同的铜鼓文化选择数字化采集技术

在文化遗产数字化采集的技术实现上，主要有二维数码拍摄、影像摄录、激光扫

描等技术。根据不同的广西铜鼓文化资源，灵活选择合适的数字化采集技术。

数据采集工作是对铜鼓文化遗产数字化对象进行内容的采集，通常包括图像采集、声音采集、文献资料收集整理，采集的方法因铜鼓文化遗产的类型不同而不同。数据采集的工作通常需要借助专用的电子设备，并配有专业的操作人员，以保障获得第一手数据，采集必须及时、快速全面，即尽可能全面地采集数据，从各个不同的角度和时间上将重点、珍贵的铜鼓文物数据进行保护。对铜鼓文化遗产的信息采集、探测和发掘，因类型和存在状况不同而采用不同的技术。例如，对地表不可移动的铜鼓相关建筑、文物和可移动铜鼓文物的三维扫描建模型技术、纹理图案计算和压缩技术等技术，对铜鼓敲击声音的录制则需要用到音频媒体采集、合成技术，而对于铜鼓相关的舞蹈则需要用到视频采集和处理技术，这些都是根据不同铜鼓文化遗产信息采集和处理需要而采取的技术应用手段。

第二节 铜鼓数据管理平台建设

在铜鼓文化资源数据管理平台的建设中，首先要对各种铜鼓文化数据和资源进行汇总，包括实物、图书、藏品、各种工艺和各种人为推荐等多方信息汇总在一起，然后通过数字转化平台，使其转化为数据，通过数据管理平台统一调度。广西铜鼓文化资源管理平台包括数据共建、共享、数据表示与建模、数据挖掘、数据分析、数据采集、数据整理、数据分类和云平台等相关功能和子模块。通过对数据的一系列整理之后，利用所设计的移动互联软件，根据客户通过移动端搜索的相关内容进行推送，平台信息既可以成为铜鼓文化研究的重要数据，亦可以作为图形、视频、新闻等进行推广，从而增加人们的民族认同感，增强文化自信，使人人都能成为广西铜鼓文化传承的贡献者。

数据管理平台中重要的是铜鼓图像资料的数据存储管理，铜鼓的图像资料存储应能对图像的检索和复原起到重要的作用。因而，铜鼓图像的属性应该包括但不限于鼓名、录入时间、是否残损、主要装饰种类、藏品位置、尺寸、资料来源、来源链接、出土（征集）时间、年份、重量、材质、主图片、收藏单位、地理坐标、铜鼓类型、所属区域（国家、省、市）。

广西民族大学民族研究中心主任带领的国家级课题组历经数载采集整理出丰富的铜鼓数据资料。这是目前国内乃至国际相对完整和全面的中国—东南亚铜鼓数字资料（见表4-1），包含了广西、广东、海南、北京，以及柬埔寨、越南、老挝、泰国、缅甸、印度尼西亚等收藏地区，150多个收藏单位的17 132张珍贵的铜鼓数字图片资料。这些图片资料经过加工整理成数据库，发布在网站供铜鼓爱好者及研究学者鉴赏。

表 4-1　中国—东南亚铜鼓数字资料

收藏地区	收藏单位	数量（面）
南宁市	上林县文物管理所	7
	南宁孔庙博物馆	3
	南宁市博物馆	13
	宾阳县文物管理所	1
	广西壮族自治区博物馆	13
	广西民族博物馆	341
	横县博物馆	5
	武鸣区文物管理所	7
	邕宁区文物管理所	3
	马山县文物管理所	1
百色市	乐业县博物馆	2
	凌云县博物馆	1
	右江民族博物馆	7
	右江革命纪念馆	1
	平果县博物馆	2
	田东县博物馆	4
	田阳县博物馆	2
	百色起义纪念馆	17
	西林县博物馆	5
	那坡县博物馆	2
	隆林县博物馆	7
	靖西县博物馆	1
贺州市	贺州市博物馆	1
崇左市	大新县博物馆	3
	崇左壮族博物馆	1
	龙州红八军纪念馆	2

续表

收藏地区	收藏单位	数量（面）
来宾市	兴宾区文物管理所	1
	武宣县博物馆	1
	象州县博物馆	5
柳州市	柳州市博物馆	38
	柳江县文物管理所	2
	融水苗族自治县博物馆	4
	鹿寨县文物管理所	3
钦州市	浦北县博物馆	17
	灵山县博物馆	26
	钦州市博物馆	7
防城港市	上思县文物管理所	2
梧州市	岑溪市文物管理所	3
	梧州市博物馆	4
	苍梧县文物管理所	1
	蒙山县文物管理所	2
	藤县博物馆	10
玉林市	北流市博物馆	35
	博白县博物馆	8
	容县博物馆	5
	玉林市博物馆	9
	陆川县文管所	12
贵港市	平南县博物馆	15
	桂平市博物馆	25
	贵港市博物馆	10
桂林市	桂林市博物馆	34
	龙胜各族自治县文物管理所	2

续表

收藏地区	收藏单位	数量（面）
河池市	东兰县革命纪念馆	2
	南丹县文物管理所	1
	宜州市博物馆	5
	巴马县文物管理所	1
	河池市文物站	13
	环江毛南族自治县博物馆	1
	金城江文物管理所	1
北海市	北海市文物局	3
	合浦汉代文化博物馆	2
广州市	中山大学人类学博物馆	3
	广东省博物馆	91
	广州市博物馆	7
湛江市	广东省徐闻县博物馆	1
	雷州市博物馆	2
	湛江博物馆	4
佛山市	佛山市南海区博物馆	1
江门市	新会博物馆	1
茂名市	信宜市博物馆	3
	茂名博物馆	1
	高州市博物馆	2
廉江市	廉江市博物馆	1
阳江市	广东海上丝绸之路博物馆	1
海口市	海南省博物馆	4
儋州市	海南省儋州市博物馆	1
五指山市	海南省民族博物馆	2
陵水黎族自治县	陵水黎族自治县博物馆	2
北京	北京民族文化宫	2
	国家博物馆	1

续表

收藏地区	收藏单位	数量（面）
柬埔寨	暹粒省吴哥文化艺术保护区博物馆	1
	柬埔寨国家博物馆	3
	柬埔寨班迭棉芷省博物馆	3
	柬埔寨磅湛省文化艺术局	1
	柬埔寨诺顿大学科学学院米歇尔·特兰尼特博士的民族学博物馆	4
越南	义安省博物馆	7
	兴安省博物馆	1
	和平省博物馆	5
	富安省博物馆	1
	富寿省博物馆	1
	山萝省博物馆	5
	平定省博物馆	3
	平阳省博物馆	3
	河内博物馆	1
	河内市博物馆	4
	海阳省博物馆	1
	清化省博物馆	5
	清化省玉乐县政府	1
	越南国家历史博物馆	78
	越南多乐省博物馆	8
	越南富安省博物馆	4
	越南平定省博物馆	3
	越南平福省博物馆	1
	越南平阳省博物馆	1
	越南庆和省博物馆	4
	越南承天顺化省历史革命博物馆	2
	越南林同省博物馆	1
	越南河内博物馆	1
	越南河内市博物馆	10
	越南清化省博物馆	2
	越南胡志明市历史博物馆	7
	雄王博物馆	1

续表

收藏地区	收藏单位	数量（面）
老挝	南塔博物馆	3
	沙湾拿吉博物馆	2
	琅勃拉邦博物馆	48
	老挝占巴塞历史博物馆	3
	老挝国家博物馆	6
	老挝沙湾拿吉博物馆	4
	老挝琅勃拉邦博物馆	63
泰国	乌纹国立博物馆	2
	泰国 Kanchannaburi 府塔玛卡县萨南耶乡尼维特伦·乌帕塔学校	1
	泰国 Prachinburi 国立博物馆	1
	泰国华富里府索米德特逢拉那拉国立博物馆	2
	泰国叻丕府国立博物馆	2
	泰国叻丕府班旁县塔磅乡沃孟村沃孟民俗博物馆	1
	泰国吞武里大学艺术文化中心	2
	泰国国家博物馆	6
	泰国文化部艺术厅	3
	泰国春蓬国家博物馆	3
	泰国洛坤府国立博物馆	2
	泰国清莱府清显国立博物馆	3
	泰国清迈国立博物馆	1
	洛坤府国立博物馆	1
	清莱府清显国立博物馆	1
	其他	1

续表

收藏地区	收藏单位	数量（面）
缅甸	克伦邦帕安市妙耶德那崩寺	2
	克伦邦帕安市克伦文化博物馆	6
	缅甸克耶邦垒固文化博物馆	16
	缅甸克耶邦天主教堂主教管区中心	1
	缅甸国家博物馆	6
	其他	12
印度尼西亚	印度尼西亚小巽他群岛东努沙登加拉（Nusa Tenggara Timur）省阿洛（Alor）岛的千个莫科鼓博物馆（Museum Seribu Moko Alor）	1
	日惹（Yogyakarta）索诺补多优博物馆（Sonomo Toyo Museum）	1
	印度尼西亚南苏拉维西省塞拉亚（Selayar）	1
	西努萨・登呷拉群岛省（State of West Nusa Tenggara）马达兰博物馆（Mataram Museum）	1
	阿洛岛阿洛千面莫科鼓博物馆	19
	雅加达国家博物馆	4
	雅加达国家考古中心	1
	其他	39

铜鼓图像资料数据存储管理的数据库系统采用 MySQL 数据库软件来进行数据的所有存储、检索、管理和处理。Oracle 旗下的 MySQL 软件是常用的关系型数据库管理系统，之前由瑞典 MySQLAB 公司开发。尤其在 Web 应用方面，MySQL 是最好的关系数据库管理系统（Relational Database Management System，RDBMS）应用软件之一。关系数据库已经非常成熟和稳定，数据保存在不同的表中，提高了单表查询的速度。同时，通过关系连接使得数据存储的重复度得到大幅降低。查询的效率和速度是关系型数据库和非关系型数据库一直追求的，在存储成本不断降低的情况下使用一定的存储冗余来提高查询速度在有些场合也得到应用。

MySQL 使用标准化的 SQL 语言来访问数据库，使得它具有很好的兼容性。MySQL 软件采用了双授权政策，分为社区版和商业版，由于其体积小、速度快、总体拥有成本低，尤其是开放源码这一特点，一般中小型和大型网站的开发都选择 MySQL 作为网站数据库。MySQL 是一个多用户、多线程的 SQL 数据库软件，采用较为常见的客户端/服务器形式提供数据服务，它由一个服务器守护程序 mysqld 及很多个不同的客户程序和库组成。SQL 是目前使用广泛的、标准的数据库语言。SQL 语言使得存取或更新信息变得十分容易，可以直接使用 SQL 从网站上查询信息。MySQL 的快速和灵活性足以满足一个网站的信息管理工作。数据库与用户端之间的接口程序可以使用 CGI 进行通信。

出于以下五个方面考虑，铜鼓图像资料数据库管理软件选择 MySQL。

（1）出于开发成本和节约资源考虑。MySQL 是开源的，能极大降低科研经费的开支，提高经费利用效率。这也使得大多数公司为了节省成本而首选 MySQL 作为数据库管理软件。而其他的如微软的 MSSQL 数据库管理软件和甲骨文的 Oracle 数据库管理软件在成本上显然不适合铜鼓数据管理平台项目。在安全级别上，Oracle 数据库显然具备更高的竞争力和优势，是大型和关键性数据公司的首选，但是，对铜鼓数据管理平台来说，这是一个开放性、推广性的平台，目前不涉及金融和隐私数据，因而 MySQL 数据库管理软件的安全级别就显得绰绰有余。

（2）铜鼓数据管理平台采用 Django 框架和 MySQL 进行开发。平台网站的开发语言很多，如 PHP、Java、ASP、ASP.net、Python 等，这些开发语言各有优势。Django 是用 Python 编写的具有完整架构网站能力的开源 Web 框架，它能以更快的速度、更少的代码、更轻松的方式搭建更好的 Web 应用。Django 对传统的 MVC（模型、视图、控制）模式的三个层次进行了改进，形成了独特而便捷的 MTV 模式，即模型（Model）、模板（Template）和视图（Views）。模型负责业务对象和数据库的关系映射（ORM），模板负责页面的显示和用户的交互，视图则负责业务逻辑联系模型和模板之间进行数据传递和调用，另外，Django 还包含一个路由，负责定义用户的请求并将请求传递给视图进行回应。Django 框架的模型层能很好地与 MySQL 进行匹配。基于 Django 框架结合 Vue.js 已然成为潮流。

（3）可以避免使用微软操作系统。可考虑在开源的 Linux 系统上架设 Web 服务。对于项目团队来说，网站的稳定运行是非常重要的，实践证明，Linux 系统的稳定性非常高，因而主流的和关键部门的网站都会选择 Linux 系统作为网站服务器的系统。Django 框架加 MySQL 能很好地在 Linux 环境下进行开发和应用，也是目前 Linux 服务器使用较多的 Web 环境架构。与此同时，作为开源的操作系统，结合开源的框架、开源的数据库管理软件进行 Web 服务的部署，使得开发的经济成本得到最优化的控制。

（4）与其他数据库管理软件相比，MySQL 相对轻量化，使得开发周期得到缩短，成果尽快上线展示。MySQL 的维护和管理在很大程度上是便捷和易用的，使得铜鼓数据管理平台项目开发的人力成本得到有效控制。对于 MySQL 数据库，无论是在开发方面，还是支持方面，都有大量强大的工具可以选择。即使是入门的软件行业从业者也可以轻松地使用 MySQL 数据库管理系统进行项目设计和开发。对铜鼓数据管理平台项目组织者来说，MySQL 的简便性还有另一方面，即 MySQL 可以运行得更快速。尽管 MySQL 的确缺少了部分功能，例如，不支持自定义数据类型，对 XML 支持不友好，不能直接处理 XML 数据，MySQL 对存储过程和触发器支持不够良好，不能提供任何 OLAP（实时分析系统）功能，等等。但是，项目组却认为，MySQL 所保留的功能足够应对项目的需求，并且是部署、配置和维护铜鼓数据库所必不可少的功能。MySQL 中没有多余的功能拖累 CPU 或占用内存。如果需要额外的功能，Django 可提供准确的解决方案，而这个方案足以弥补 MySQL 所缺少的某一部分功能。

（5）灵活性和可扩展性。由于在 MySQL 中有如此众多的额外功能可选，如存储引擎等，用户可以选择最适合公司的一个，或者尝试选用多个引擎。MySQL 开始非常小巧，但是可以随着项目的不断衍生而不断地变强大。通常可以配置 MySQL 运行在微小的嵌入式应用程序中，处理的数据可能不足 1 MB，也可以用它来处理 1 TB 的数据。MySQL 获得这种可扩展性的途径之一是通过一个人们所熟知的存储过程，这是一个运行在程序之外的微型、预编译程序。这些过程被存储和运行在数据库服务器上，以减少在客户端的处理过程，从而最大限度地提高了处理能力，存储过程并不是 MySQL 独有的功能，但是这项功能使得这个数据库比以前更具吸引力。

MySQL 的功能特点如下：

（1）几乎可以同时处理不限数量的用户。

（2）可以处理多达 50 000 000 条以上的记录。

（3）命令执行速度快。

（4）简单有效的用户特权系统。

明确了适合铜鼓数据管理平台的数据库管理软件、Web 框架、操作系统后，接下来对铜鼓数据管理平台进行总体设计。

一、铜鼓数据管理平台总体设计思路

铜鼓数据管理平台系统的管理工作流程按两种类型的用户进行设计。系统将用户分为两类：一类是来宾用户；另一类是后台管理人员。后台管理人员必须要先进行登录操作，系统根据用户输入的相关信息进行判别，如果输入信息有误，则需要重新输入相关信息再次进行验证。如果是前端的来宾用户，则不需要登录，直接查看相关的铜鼓图片及相关的介绍信息以及对铜鼓图片及文字资料进行文字检索；铜鼓数据管理平台系统后端的管理人员登录后可以进行铜鼓数据平台的管理工作。管理功能主要包括图片管理（增、删、替换）、铜鼓的文字资料编辑、平台管理员信息管理、用户访问查询信息收集。收集用户访问查询信息是为了能从用户的查询信息中分析统计出对铜鼓感兴趣的用户分布情况、用户感兴趣的内容，以便为铜鼓文化推广做参考。

铜鼓数据管理平台系统分为信息管理模块、铜鼓数据查询模块、用户访问数据统计分析模块、图片查看阅览模块。

二、铜鼓数据管理平台设计

信息管理模块主要实现管理员账户对铜鼓图片资料、铜鼓文字资料、管理员信息的修改、添加、删除等基本功能。

1. 铜鼓数据查询模块设计

铜鼓查询模块实现按关键字全文检索铜鼓资料，支持模糊查询，同时还支持目录检索铜鼓资料功能。通过关键字将检索的结果以列表的形式进行呈现，并能通过点击列表链接访问确定的铜鼓图片资料和文字资料。模糊查询主要利用以下方法：

（1）利用 MySQL 的通配符配合 LIKE 运算实现近似匹配，通配符是一种在 WHERE 子句中拥有特殊意义的字符，包括“%”、“_”和“[]”，通配符的结合可以演变出多种字符匹配形式。

（2）通过 IN 运算符（也称为“成员条件运算符”），来判断用户输入的关键字是否在一个指定的数据集合之内。

（3）在 WHERE 子句中，可以采用“between...and”运算符选取介于两个值之间的数据，用户输入的关键字可以是数字或者日期类型（取值范围包括边界值），终端用户可以快捷地通过日期来检索需要查找的铜鼓资料。目录检索则通过手动或半自动方式收集铜鼓数据库信息，编辑查看信息后，手动形成铜鼓信息摘要，并将信息置于事先确定的铜鼓分类框架中，前端可通过树形菜单展示铜鼓图像资料的目录索引，这在后面图像阅览模块进行设计。

2. 用户访问数据统计分析模块

用户访问数据统计模块是对用户访问铜鼓数据管理平台时的行为数据和检索数据进行搜集分析,属于网站分析的技术范畴。网站对用户访问产生的数据有三种收集方式：利用 Web 日志进行收集、JavaScript 标记和包嗅探器。以保留存储 Web 日志的方式是比较直接和有效的记录方式，铜鼓数据管理平台网站的访问者输入网址，向网站服务器发出访问请求之时，服务器就在自己的日志文件里开始记录。网站服务器接收到请求后会在自己的 Log 文件中追加一条记录,内容包括远程主机名（或者是 IP 地址）、登录名、登录全名、发请求的日期、发请求的时间、请求的详细内容（包括请求的方法、地址、协议）、请求返回的状态、请求文档的大小。网站日志数据是有对应格式的，在 Python 环境中通过 Apache-log-parser 库对该数据进行解析，使其变为规范的数据结构，然后通过 make_parser 传入即可创建解析器。解析后的数据为字典格式，因而可以将日志文件逐条分割后通过 Apache-log-parser.make_parser 解析成字典，最后合并成列表，以该字典列表通过 panda 构造出数据表 DataFrame。在数据表中提取字段，如 status 为请求的状态码，response_bytes_clf 为响应发送给用户的字节数（流量），remote_host 为用户访问使用的客户端主机 IP 地址，requests_first_line 为用户访问铜鼓数据管理平台请求的内容，time_received 为用户访问铜鼓数据管理平台的时间数据（可以用 to_datetime 方法将其转换成时间数据类型）。

接下来要对数据做清洗。在日志数据表中查找缺失的字段、去除多余字符、状态数据类型转换。数据清洗完成后就可以对数据进行分析并可视化呈现出来。

根据总体设计，需要对用户分布和感兴趣的内容进行分析。借助 pygeoip 库可以将数据表中的 IP 地址对应位置信息，需要注意的是需要获取 DAT 文件才可以解析 IP 地址。通过统计 requests_first_line 内容可以分析出用户感兴趣的铜鼓信息。

另外，还可以选择其他两种方式获取用户访问数据，JavaScript 标记（又称“埋码技术”）和包嗅探器。JavaScript 标记同 Web 日志收集数据一样，从网站访问者发出 http 请求开始。不同的是，JavaScript 标记返回给访问者的网页代码中会包含一段特殊的 JavaScript 代码，在页面展示的同时这段代码也得以执行。这段代码会从访问者的 Cookie 中取得详细信息（访问时间、浏览器信息、网站赋予当前访问者的 UserID 等）并发送到数据收集服务器。数据收集服务器对收集到的数据处理后存入数据库中。网站管理员通过访问分析报表系统查看这些数据。JavaScript 标记以其快捷性和精确性已经得到大多数工具厂商的青睐，已经发展成为当前流行的数据收集方式。包嗅探器的方式，网站访问者发出的请求到达网站服务器之前，会先经过包嗅探器，然后包嗅探器才会将请求发送到网站服务器。包嗅探器收集到的数据经过网站服务器处理后存入数据库，随后网站管理员就可以通过分析报表系统看到这些数据。

出于铜鼓数据管理平台网站设计的考虑，并不希望流量数据被任何第三方获取，因此还是选择 Web 日志进行数据统计比较稳妥。

3. 图片查看阅览模块设计

用户进入铜鼓数据管理平台网站以后，根据网站导航以及左侧活动树形菜单找到想要了解的铜鼓图片及信息。可以点击详情链接，充分了解铜鼓的详细信息，对铜鼓图像进行放大查看和下载。

活动的树形菜单使用 Vue.js 与 element-ui 实现。活动树形菜单的数据由后台提供，数据按照铜鼓的类型、地域、时域进行分类，形成父子关系的树形数据结构。

4. 数据库设计

前面已介绍了铜鼓数据管理平台采用的是 MySQL 数据库管理软件，接下来就需要根据搜集的铜鼓图片数据特点，并保证铜鼓图片数据的完整性和便于多维检索，进行数据库设计。

铜鼓类的属性应包括录入的时间，这样可以方便展示最新的录入记录和最久远的录入记录，方便通过录入时间线进行检索；鼓名能较直观地反映铜鼓类型特征或者产地的属性；铜鼓编号是内部识别号，结合铜鼓类型、产地、藏品位置以及录入时间生成；主要装饰是对铜鼓中心纹路、锈蚀情况、鼓身纹路、鼓腰纹路、弦分晕、鼓足、鼓耳、合范线的文字性描述，也是提供文字检索的主要特征集；删除标志，为预删除标记；是否残损，布尔值，0 表示不残损，1 表示残损；藏品位置，是藏品目前的收藏地理位置；尺寸主要包括铜鼓的面径、鼓高、胸径、足径、壁厚等；资料来源，图片资料的提供方（可为空）；来源链接、来源网址，可为空；出土（征集）时间，是指铜鼓出土发现或者民间征集的时间；质量，铜鼓的质量；主图片，铜鼓数据管理平台的主要资料，录入的铜鼓信息不可缺省字段；收藏单位，铜鼓现在的收藏单位；地理坐标，铜鼓现存地的经纬度；

地址，存放地地址描述；铜鼓类型，按现有铜鼓划分的类型包括国内的万家坝、石寨山、冷水冲等主流类型及东南亚黑格尔、纳伽拉等定名类型和其他类型；所属区域为国家、省、市。另外，铜鼓还需要有制造使用的年代和制造材质信息。

铜鼓图片类包含数据添加时间、删除标志、文件扩展名、文件名、原文件名、附件标题、存放路径（网站图片存放路径）、文件大小、宽度、高度、图片说明、文件上传用户、文件序号、文件哈希值、文件签名字段、基本信息 id，考虑铜鼓可能对应多张图片，因此在铜鼓图片类通过基本信息 id 与铜鼓基本信息建立多对一联系。

铜鼓类型存在子类型和父类型，因而在铜鼓类型表中设计了父节点和节点层级来确定该类型从属哪一父类。同样，在地区表中也按照地区的从属关系增加了父节点字段和节点层级字段。设计铜鼓类型表和地区表则是为了前面所述的前端活动的树形菜单而设计。

铜鼓数据管理平台实体 – 联系（E-R）图如图 4-2 所示。

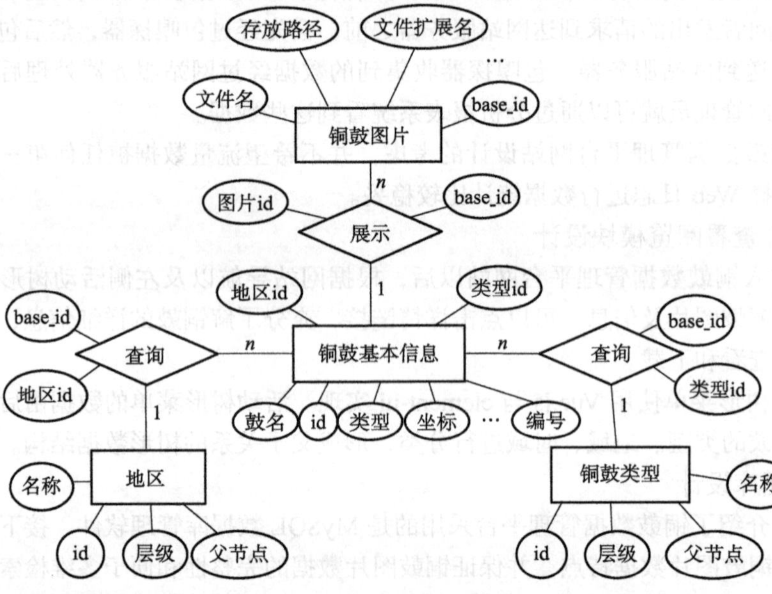

图 4-2 铜鼓数据管理平台 E-R 图

依据铜鼓数据管理平台 E-R 图，创建铜鼓基本信息表（见表 4-2）、铜鼓图片表（见表 4-3）、地区表（见表 4-4）和铜鼓类型表（见表 4-5），根据实体属性在表中创建相应字段。

表 4-2 铜鼓基本信息表

字段	字段说明	备注
id	标识	
addTime	录入时间	
deleteStatus	删除标志	

续表

字段	字段说明	备注
damaged	是否残损	默认否（false）
mainDecorations	主要装饰	鼓面、鼓身纹路表现
mainDecorationsEn	主要装饰（英）	
nameCn	鼓名	
NameEn	鼓名（英）	
number	铜鼓编号	
numberEn	铜鼓编号（英）	
position	藏品位置	
positionEn	藏品位置（英）	
size	尺寸	厘米（cm）
sizeEn	尺寸（英）	厘米（cm）
source	资料来源	
sourceEn	资料来源（英）	
sourceUrl	来源链接	
excavateTime	出土（征集）时间	
excavateTimeEn	出土（征集）时间（英）	
weight	重量	千克（kg）
mainPictureId	主图片	
collectionUnit	收藏单位	
collectionUnitEn	收藏单位（英）	
excavatePlace	出土（征集）地点	
excavatePlaceEn	出土（征集）地点（英）	
coord	地理坐标	
location	地址	
typeName	铜鼓类型	外联铜鼓分类表 className
typeNameEn	铜鼓类型（英）	外联铜鼓分类表 classNameEn
areaId	所属区域（国家、省、市）	外联地区表 id
years	年代	
materials	材质	

表 4-3　铜鼓图片表

字段	字段说明	备注
id	标识	
base_id	外联铜鼓基本信息表 id	
addTime	录入时间	
deleteStatus	是否已删除	
ext	文件扩展名	包括“.”
name	文件名	
originalName	原文件名	
title	附件标题	
path	存放路径	不包括网站域名路径
size	文件大小	单位为 KB
width	宽度	
height	高度	
info	图片说明	
user	文件上传用户	
sequence	文件序号	用于管理图片显示位置
hashCode	文件哈希值	不用
contSign	文件签名	对应阿里云图库的图片 id。 文件上传时，同时上传到阿里云

表 4-4　地区表（国家、省、市）

字段	字段说明	备注
id	标识	
areaName	地区名	
areaNameEn	地区名（英）	
level	节点层级	
sequence	序号	
parentId	父节点 id	

表 4-5　铜鼓类型表

字段	字段说明	备注
id	标识	
className	类型名	
classNameEn	类型名（英）	
level	节点层级	
sequence	序号	
parentId	父节点 id	

第三节　铜鼓数据分析平台建设

铜鼓图像识别模块是铜鼓数据平台的核心功能模块，主要用于铜鼓残片的鉴别和还原。在广西，铜鼓的数据采集已经取得了重要的进展，我们的研究团队得到了广西民族大学研究中心团队的大力支持，数据也得到了充分授权。有了较完善的铜鼓图像及数据，可以通过模拟碎片和遮盖铜鼓图像等手段，获得大量且有效的铜鼓图像 AI 识别训练集，从而能设计出有效、准确的铜鼓图像识别系统。另外，系统可以通过专家的鉴定来修正 AI 的判断。系统发布在互联网，可远程地进行识别和专家鉴定。该模块的开发将对铜鼓及其类似的有价值器物的考古发掘提供借鉴和参考。

铜鼓图片修复与分析模块的首要功能就是碎片拼接。在大多数的考古发掘中，出土的铜鼓文物破碎不堪，考古工作者需要小心地比对，尽可能地将碎片拼接成大的碎片甚至是整个铜鼓，而这一过程可以借助图像拼接的方法实现。首先要通过碎片图的拼接，将小的碎片复原成大的碎片图，再由这些大的碎片图显化出来的特征结合出土发现的地域和年代，尝试将这一铜鼓的原貌进行再现。这样做可以提高文物恢复的效率，同时避免手工操作导致原物的损耗。在其他领域，如破碎的艺术品复原、破碎的纸币复原、公安机关破案中的破碎证物复原等都有类似的做法。图像碎片复原技术的核心技术是碎片匹配拼接问题，是模式识别技术的一个新发展，超出了传统模板匹配的局限，随着机器识别、计算机视觉等相关领域的发展，铜鼓图像的碎片拼接也变得可靠和可行。

一、数据分析平台建设概述

利用大数据技术进行应用和决策，数据分析是重中之重，它能够更好地了解人们对广西铜鼓文化的需求，从而更好地应用和传承宝贵的文化资源。数据分析平台大致可分为数据整合、数据存储、数据计算、数据分析、结果展示及解读几部分功能。

数据整合是数据开发中的一部分，可以汇集多方资源使其数据化，其中包括关系型数据库数据抽取、实时数据采集、文件数据采集、数据库实时复制等。收集好的数据要进行存储，使数据更易提取，数据存储包括数据集市和数据仓库。数据存储后可以随时调取数据进行计算，计算数据是整个大数据应用的关键所在，其包括批量计算、流量计算、内容计算和查询计算，这些计算可以根据用户需求或市场需求来合理推送广西铜鼓文化信息。推动广西铜鼓文化事业的快速发展，数据挖掘尤为重要，数据计算后需要进行合理的分析，也就是通过数据挖掘算法进行描述性分析、预测性分析和深度数据分析，这些有效的数据计算都是显示结果和进行决策支持等其他挖掘应用的前提。最后，就是要把计算和挖掘结果在移动端或者多媒体中进行展示，展示的形式多种多样，基本可归纳为可视化展示和结果解读。数据分析及其平台建设是整个系统的难点，也是重点，是挖掘非物质文化遗产资源最重要的部分。

二、铜鼓数据分析平台结构

将知识图谱、富媒体、用户画像等现代技术应用于铜鼓资源的信息存储中，建立具有文本自动编辑、图像原型检索、机器视觉比对、工艺流程仿真等功能的大数据库，将广西铜鼓非遗数据变成“活数据”。平台包括统一资源门户访问层、数据应用服务层、数据处理层以及存储层四大部分，总体技术架构如图 4-3 所示。

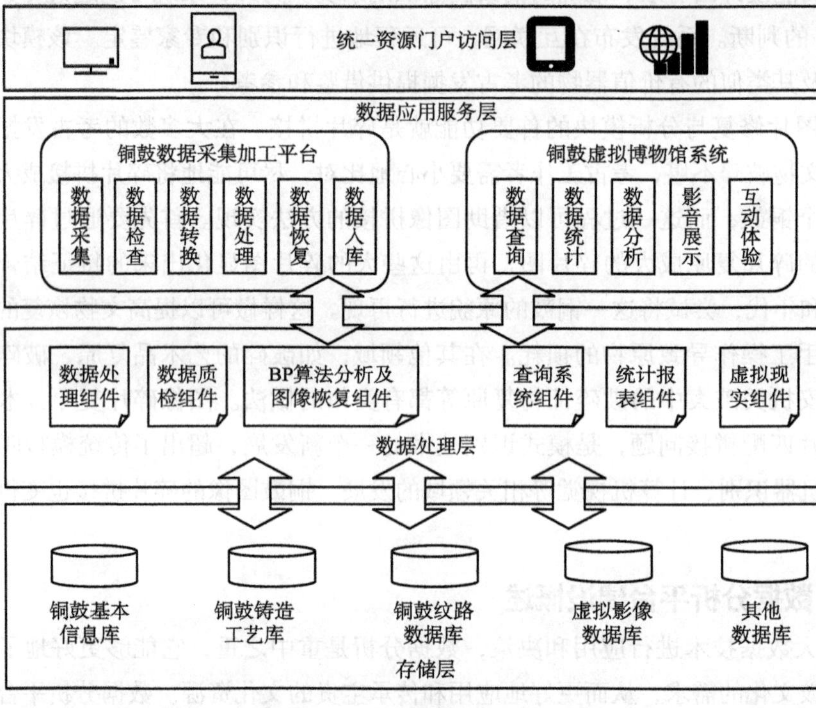

图 4-3　广西铜鼓数据平台技术架构

三、铜鼓图片修复与分析模块功能设计

图像碎片的复原工作是以实际碎片为参考依据进行的，建立能够准确描述实物的计算机模型是图像碎片复原工作的关键步骤之一，对碎片复原的后续工作有基础性的作用，模型建立的准确性和复杂性将影响到后续工作能否顺利进行下去。因此，图像碎片复原的第一个步骤是需要对实物碎片进行数字化处理，获取准确的、满足计算要求的图像碎片。

1. 片拼接算法

考虑到遗失碎片存在的可能性及相应的虚拟重建问题，图像碎片的拼合除了满足人眼观看的需求，还应该保证两个匹配碎片间匹配边拼合的严密性。另外，由于每个碎片在数字化过程中的不同位置，导致了各个碎片与自身原始位置产生了角度变化，也就使得每个碎片的局部坐标系也产生了不同。对于相互匹配的两个碎片而言，在进行拼合时，需要根据共有的曲线或直线段的不同角度，将它们转换到同一个坐标系中。这就涉及局部坐标系的建立以及坐标转换中的平移旋转等刚性运动的问题。

如图 4-4 所示，图像碎片 F 和 F' 构成了一个匹配对，P_iP_j 是碎片 F 上的曲线段，$p_i'\,p_j'$ 是碎片 F' 的曲线段，两者共同构成了匹配曲线段。

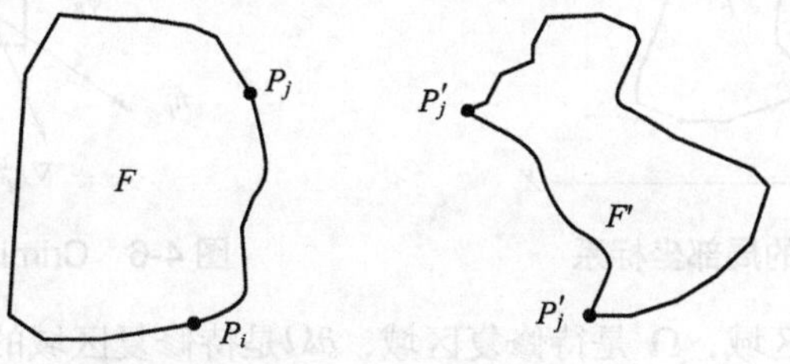

图 4-4　变换前的图像碎片 F 与 F'

碎片 F 的匹配部分边界点定义为

$$\{(x_i,\ y_i)\ |0 \leqslant i \leqslant n-1\}$$

碎片 F' 的边界点则定义为

$$\{(x_j',\ y_j')\ |0 \leqslant j \leqslant m-1\}$$

则图像碎片 F 上点的 P_i 坐标（x_i，y_i），碎片 F' 上点的坐标为（x_i'，y_i'）。

下面就以曲线段 P_iP_j 为例进行说明。

假定以碎片 F 为当前碎片，将碎片 F' 与之拼接。取两个碎片共有的曲线段的两个端点，连接两个端点，并以匹配起始点为原点，由起点指向终点的方向为轴，并过起点作连线的垂线，建立图 4-5 所示的局部坐标系，可以看出该坐标系相对于碎片的平移和旋转是不变的。从坐标系到坐标系的转换中，涉及坐标点位置的平移和坐标轴的旋转。设点 O' 在坐标系中的坐标为（x_0，y_0），则点到坐标变换公式为

$$\begin{pmatrix} x \\ y \end{pmatrix} = \begin{pmatrix} \cos\theta & \sin\theta \\ -\sin\theta & \cos\theta \end{pmatrix} \begin{pmatrix} x - x_A \\ y - y_A \end{pmatrix}$$

其中，θ 为坐标Ⅰ变换到坐标Ⅱ的旋转角度

$$\theta = \arctan \frac{y_B - y_A}{x_B - x}$$

2. criminisi 算法

Criminisi 算法通过在待修复区域边缘上选取优先权最高的像素点 p，以 p 为中心构造一个 $n\times n$ 大小的像素块，然后在完好区域寻找与该模板块最相似的样本块，并用找到的样本块更新模板块中的待修复信息，最后更新已修复块中像素点的置信度，并开始下一次迭代修复，直至修复完成。图 4-6 所示为 Criminisi 算法的修复原理。

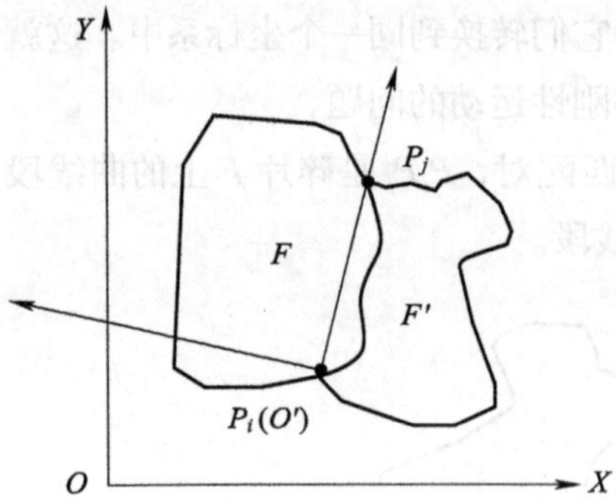

图 4-5　两个碎片的局部坐标系

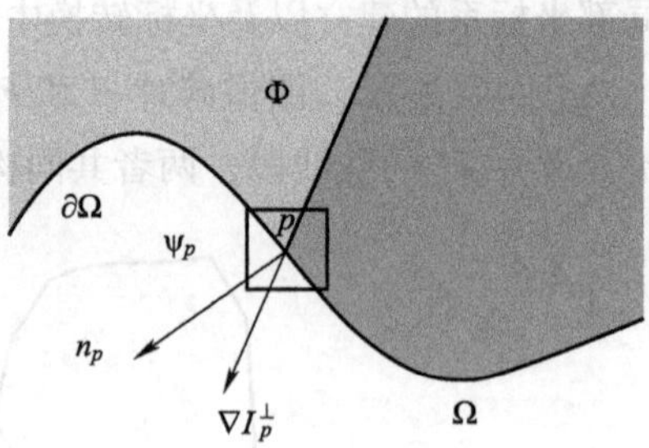

图 4-6　Criminisi 算法的修复原理

其中，Φ 是完好区域，Ω 是待修复区域，∂Ω是待修复区域的边界，Ψp 是以像素点 p 为中心构造的像素块，n_p 是边缘上像素点 p 的法线方向，$\nabla I_p^\perp$ 是边缘上点 p 的等照度方向。流程图如图 4-7 所示。

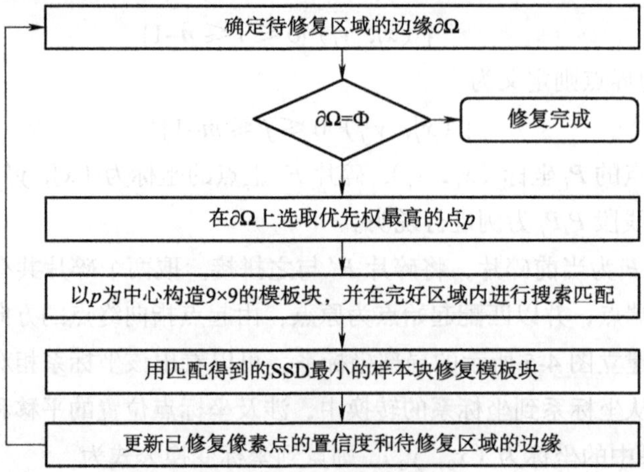

图 4-7　边缘修复流程图

3. 铜鼓图片修复与分析模块功能

铜鼓图片修复与分析模块功能主要包括碎图修复和部分图还原两部分，这两部分不一定使用所有识别项目，需要尝试能否通过部分图像进行识别，如果不能，就要进行拼接。当然，现实条件也有可能没有足够的拼接素材，在这种情况下，只能依据碎片的发现地点、年代进行数据库比对来给出参考结论，或者借助专家进行鉴定和纠正。模块功能结构如图 4-8 所示。

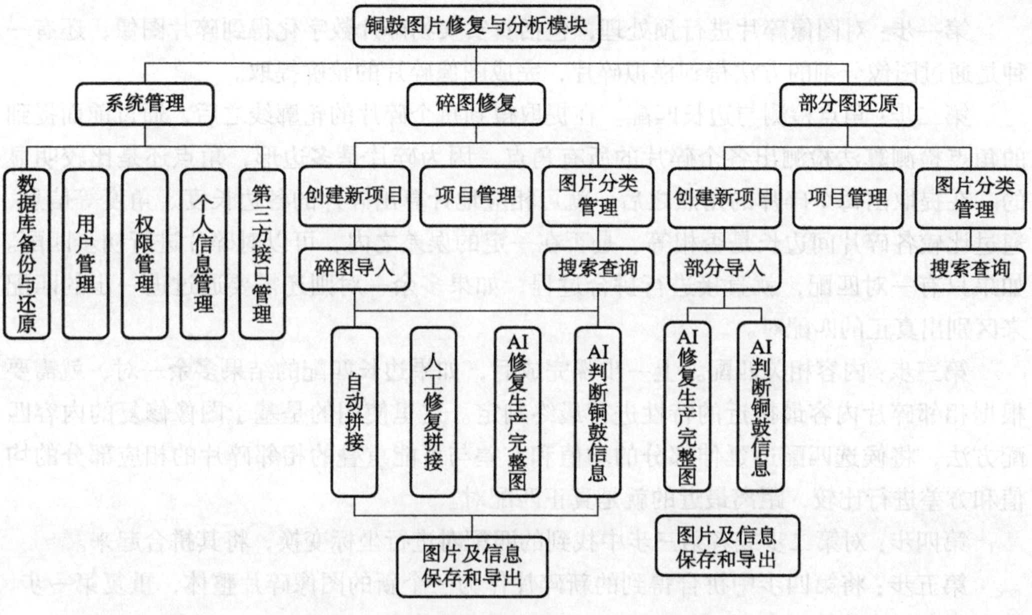

图 4-8　铜鼓图片修复与分析模块功能图

铜鼓图片拼接修复的业务流图如图 4-8 所示。

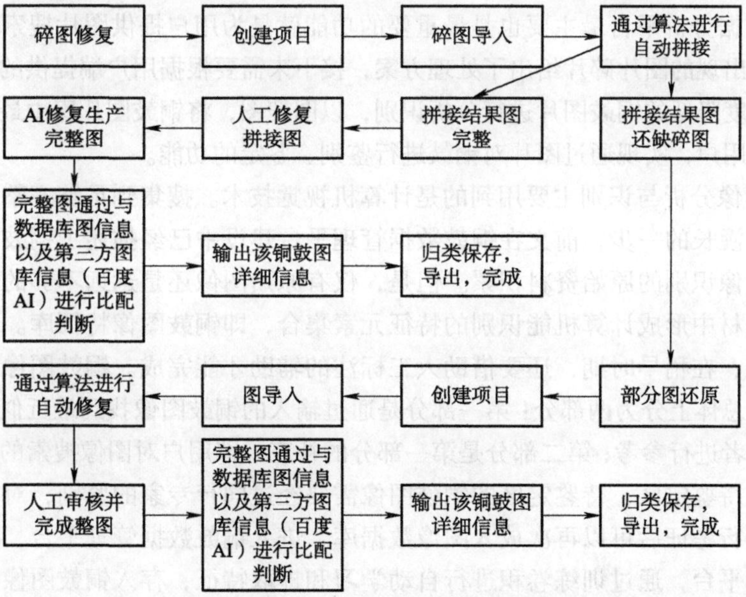

图 4-9　铜鼓图片拼接修复的业务流图

铜鼓图片拼接修复业务分为五步：

第一步：对图像碎片进行预处理，包括真实实物碎片数字化得到碎片图像，还有一种是通过图像分割的方法得到模拟碎片，完成图像碎片的轮廓提取。

第二步：角点检测与边长匹配。在提取得到每个碎片的轮廓线之后，通过前面提到的角点检测算法检测出各个碎片的所有角点。因为碎片是多边形，角点还是比较明显的。在提取出每个碎片的角点之后，就可相应地计算出碎片的各边长度、角度等信息，通过比较各碎片间边长是否相等、是否在一定的误差之内，可以对碎片进行初步匹配。如果只有一对匹配，就直接进行拼合过程，如果多余一对则还需要通过进一步的匹配来区别出真正的匹配对。

第三步：内容相关匹配。上一步骤完成后，如果边长匹配的结果多余一对，就需要根据相邻碎片内容最接近的特性进行最终判定。这里使用的是基于图像修复的内容匹配方法，将候选匹配边延伸部分的均值和方差与可能重叠的相邻碎片的相应部分的均值和方差进行比较，距离最近的就是真正匹配对。

第四步：对第二步或者第三步中找到的匹配对进行坐标变换，将其拼合起来。

第五步：将第四步中拼合得到的新碎片作为一个新的图像碎片整体，重复第一步，直到所有的碎片都拼合在一起。

最后拼合起来的铜鼓图像就是想要得到的铜鼓图像碎片复原图像。

四、铜鼓图像分析识别模块功能设计

铜鼓数据分析平台最主要也是最重要的功能就是为用户提供图片搜索引擎。前面已经对可能出现的图片碎片给出了处理方案，接下来需要根据用户端提供的各种铜鼓图片或者残缺度降低的铜鼓图片进行分析识别，以图搜图，将铜鼓图片库中最近似的图像列表展现给用户，实现通过图片对铜鼓进行鉴别、鉴定的功能。

铜鼓图像分析与识别主要用到的是计算机视觉技术。搜集到足够完整的铜鼓图片集是重要且漫长的一步，前文在铜鼓数据管理平台建设中已经描述了铜鼓图像库，具备了进行图像识别的原始资料积累。但是，仅有原始图像还是远远不够的，还需要从这些图像素材中形成计算机能识别的特征元素集合，即铜鼓图像特征库。而这些特征元素的获取，在稍早时期，还要借助人工标注的辅助才能完成。铜鼓图像分析与识别系统的建设总体上分为两部分：第一部分是通过输入的铜鼓图像找到最近似的铜鼓图像供图像查阅者进行参考；第二部分是第一部分的补充，即用户对图像搜索的结果不满意可以提交到待鉴定区，待鉴定区的铜鼓图像需要经过同行专家的鉴别，对铜鼓图像及相关信息进行考证后可以再次放入图像数据库。进入铜鼓数据管理平台，然后进入铜鼓数据分析平台，通过训练卷积进行自动学习和提取特征，存入铜鼓图像特征库，以便于今后的铜鼓图像检索。

（一）铜鼓图像的预处理

如何从图像中自动解析出可供计算机理解的信息，是计算机视觉技术主要解决的问题。计算机视觉技术能完成对铜鼓图片的分类、检测、分割。目前现有的铜鼓图像数据库存在许多问题。其一，铜鼓图像样本数据较少，图像数量只有 17 000 多张，再加上划分了十余个类别，单个类别的样本空间更为狭小。其二，部分图像来源于网络，存在大量的噪声干扰和无关信息，如多余的背景、图片昏暗模糊等，因此有必要对图像进行预处理。一方面，增强有用的、真实信息，提高铜鼓信息的可检测性，最大限度地简化铜鼓图像数据；另一方面，通过对铜鼓图像的不同变换增加铜鼓图像数据库，扩展铜鼓图像样本空间，以达到改进铜鼓特征抽取、图像分割、匹配和识别的可靠性效果。

通过上述分析，可以对原始铜鼓图像数据集使用灰度化、几何变换和图片增强三种方式进行预处理。

1. 灰度化

所谓灰度化，就是在图像 RGB（红绿蓝）三通道中，R、G 和 B 的值均相等，视觉上体现出的一种灰度颜色，此时 R、G 和 B 的取值也称为图像的灰度值，而这一类图像又称为灰度图像。将原始图像灰度图像的每一个像素在计算机里需要一个字节（8 bit）来存放它的灰度值（又称强度值、亮度值），灰度范围为 0~255。由于图像的每一个像素只有一个灰度值，这就简化了图像输入矩阵，可以看作输入矩阵只有一个通道，那么卷积核也就只有一个通道，从而提高后续提取图像特征运算速度。灰度化不仅使得相对于 RGB 三通道的矩阵计算量大幅度降低，而且也可以作为铜鼓图像训练图集的增量，能一定程度降低过拟合现象的出现。过拟合现象通常因卷积神经网络的模型复杂度高而样本少，使得学习不够充分而造成的现象，表现为误差值变高、泛化能力差、不能表达除训练数据以外的其他数据。图像灰度化方法主要包括四种：分量法、最大值法、平均值法、加权平均法。

分量法，将 RGB 图像中三分量的亮度作为三个灰度图像的灰度值，可根据实际需要选择其中一种灰度图像或者全部。最大值法，将彩色图像中的 RGB 三通道亮度的最大值作为灰度图的灰度值。平均值法，将彩色图像中的 RGB 三分量的亮度求平均，得到灰度图的灰度值。加权平均法，将三个分量以不同的权值进行加权平均。由于人眼对绿色的敏感度最高，对蓝色敏感度最低，因此将绿色权重设置为最大 0.578，蓝色权重设置为最小 0.114，红色通道权重则为 0.308，按此权值对各色彩通道自身亮度进行加权平均，从而得出灰度图像的灰度值。

2. 几何变换

几何变换又称图像空间变换，通过平移、转置、镜像、旋转、缩放等几何变换对采集的铜鼓图像进行处理，用以改正图像采集系统的系统误差和仪器位置（成像角度、透视关系乃至镜头自身原因）的随机误差。

3. 图像增强

图像增强从视觉上可改善视觉感受，凸显图像中有价值信息，但这一过程很可能造成原图某些元素的缺失，从而产生一定程度的失真。对于不同特点的铜鼓图像，有针对性地凸显全局特征或者局部特征，使原本模糊的铜鼓图像看起来变得明晰，或将铜鼓有代表性的纹理、图案、装饰进行强化，增强不同年代、类别、产地的铜鼓图像差异化特征，抑制统一化、泛化特征，增强图像质量，丰富图像学习数量集合，使得铜鼓图像容易判断和辨别种类，满足铜鼓图像通过卷积网络获取特征集的需要。理论上，图像增强主要有两种路径：一种是通过频率域；另一种是通过空间域。在频率域，图像可分为高频图像和低频图像。高频图像是指图像强弱跨度小，像素之间强度差别较大。而低频图像恰恰相反，像素之间的强度变化相对平缓，视觉上，感官体会是比较柔和的图像。通过在频率上改变或者增强图像的做法是一种间接图像增强算法，计算机将图转换成二维矩阵信号，对其进行基于二维傅里叶变换的信号增强。通常采用两类常用的信号处理方法：低通滤波和高通滤波。低通滤波包括理想低通滤波器、巴特沃斯低通滤波器、高斯低通滤波器、指数滤波器。低通滤波器只让低频信号通过，可以过滤图像中的高频干扰。高通滤波包括理想高通滤波器、巴特沃斯高通滤波器、高斯高通滤波器、指数滤波器，高通滤波可以增强铜鼓轮廓纹理等高频信号，图像则变得较为清晰、线条分明。从空间角度，可以更加直接地对图像进行增强，可以直接对图像灰度级做运算。空间域的图片增强路径有点运算和相邻增强。点运算主要进行灰度变换（包括伽马变换、对数增强）、灰度级校正、直方图修正，可使铜鼓图像成像柔和，扩大图像动态范围，扩展对比度。相邻增强也能分为两类。一类是图像平滑，包括均值滤波、中值滤波。图像平滑处理可以消除噪声，但同时边缘易模糊。另一类是图像锐化增强，包括梯度法（Roberts）、算子法（Sobel、拉普拉斯算子）、掩膜匹配法、统计差值法。锐化处理可以突出物体边缘轮廓，便于特征提取。

铜鼓图像经过深度神经网络提取特征的重要前提就是拥有大量的铜鼓图像数据集。图像增强可以做到随机对图像进行转换，对深度神经网络的训练铜鼓图像进行一系列的随机变化之后，就能生成相似但不同的训练样本，从而扩充了铜鼓图像训练集的规模。另外，利用图像增强的随即特性，得到新的训练样本，可以减少深度神经网络对铜鼓某一些属性的过度依赖，进而提升了深度神经网络的泛化能力。

对于铜鼓训练集中的某一图像可以选取出某一局部，铜鼓就会出现图像的不同坐标，这样进行训练可以降低神经网络提取的特征对坐标的重视程度。此外，因为铜鼓由于长期暴露在空气环境极易氧化，色彩与当初制作成型时存在较大差异，刚出土的与民间征集的也存在很大的色差，此外拍照采集的设备、采集的地点、采集的时间光线都存在不同，因而需要调整铜鼓图像的明暗、色调、对比度等因素来降低图像特征对色彩的依赖。由此可见，图像增强技术对于深度神经网络模型提取铜鼓图像特征是很有必要的。在 Python 环境下采用 torchvision 能够完成满足铜鼓图像特性的绝大部分增强功能，实现铜鼓图像训练集的有效扩充。torchvision 是 Pytorch 的模块，它经常被大多数图像处理系统所采用，Pytorch 还有许多其他的实用模块，如处理 R 语言的 torchtext、用于音频编辑的 torchaudio，以及针对图像视频等多媒体信息的 torchvision。torchvision 中还自带有比较常用的数据集合、models 框架，能对铜鼓图像进行符合预期的智能识别预处理。torchvision 下的 transforms 模块集合了产生图像随机变化的诸多能力。transforms

模块中可以将不同的图像转换组件进行组合形成具有更加复杂图像转换功能的图像组件转换集。

几乎所有的transforms图像转组件都能对Python Image Library的Image对象和张量图像（图像的矩阵形式）进行处理，这样极大地方便了对图像的读取和存储。Python Image Library是由PythonWare公司开发的，开放给所有用户的图像处理工具软件，简称PIL。在PIL中，可以将任意一个图像文件定义为一个Image对象，定义对象时需要加载Image模块，利用Image的open方法就能将本地图像载入程序进行运算：

```
import Image
img_1=Image.open(''./pic/tonggu.jpg'')
```

Torchvision下的Transforms模块支持将PIL中的图像对象转换为张量图，张量图的使用将原本不容易计算的图像数据转换成了便于计算的三维或者四维元组，是图像计算非常实用的转换方法。当然，还有其他工具也支持这一功能，例如ToTensor()、ToPILImage()。以下给出图像转换成张量图和张量图转换为原图的示例：

```
ffrom PIL import Image
import numpy
def zhangliang():
    img_dir='./pics/2.jpg'            # 铜鼓图像保存的路径
    img=Image.open(img_dir)           # 定义图像类图区——本地铜鼓图像
    img_zl=numpy.asarray(img)         # 将本地铜鼓图像转换为张量图像
    print(img_zl.shape)               # 输出铜鼓张量数值
    image=Image.fromarray(img_zl)     # 读取张量图像
    image.show()                      # 查看从张量图转换出的铜鼓图像
```

程序运行结果：

```
zhangliang()
(768,1024,3)# 得到张量图（宽，高，通道数）
```

图 4-10 所示为张量图转换出的铜鼓图像，观察铜鼓图像的文件名和文件类型，已和原来的图像文件不同。

Torchvision 下的 Transforms 模块中还提供了大量的用于图像变换、增强的类，Transforms 模块定义了与绝大多数图像类相对应的函数，调用函数进行图像转换和定义类进行转换在功能上最大的不同是函数模块没有自带随机机制，要实现随机性质需要自定义随机参数。由于函数没有随机特性，使得所产生的结果是唯一不变的，而通过定义变换类进行图像转换其结果不能再现，增强了样本空间的随机性和泛化性。下面举几个 Transforms 模块对铜鼓图像进行预处理转换的示例。

【示例 1】对铜鼓数据库原始图像进行随机水平翻转，得到 4 个随机样本。

图 4-10　从张量图转换出的铜鼓图像

代码如下：

```
from torchvision import transforms
import matplotlib.pyplot as plt
from PIL import Image
import numpy
class ImageDisplay:              # 定义用于显示图像的类
    def__init__(self,img):
        self.img=img     # 接收来自 Image 的图像类
    def display(self, bianhuan):          # 定义接收通过 transforms 变换类
        _, axes=plt.subplots(1, 4)
        for i in range(4):
            axes[i].imshow(bianhuan(self.img))   # 对铜鼓图像通过变换
                                                 # 类进行变换
            axes[i].axes.get_xaxis().set_visible(False)  #matplotlib
                                                         #隐藏 x 坐标轴
            axes[i].axes.get_yaxis().set_visible(False)  #matplotlib
                                                         #隐藏 y 坐标轴
        plt.show()
def shuiping():
    transforms.RandomHorizontalFlip(p=0.5)        # 设置水平变换的概率
    img=Image.open('./pics/1.jpg')        # 读取铜鼓图像为 Image 对象
    imgdp=ImageDisplay(img)       # 声明为显示图像类的对象
    bianhuan=transforms.RandomHorizontalFlip()   # 定义为水平翻转变换方法
    imgdp.display(bianhuan)     # 调用图像展示对象的显示方法显示转换结果
```

观察两次运行结果如图 4-11 所示，两次得到的结果并不相同，体现了良好的随机性。

图 4-11　铜鼓图像两次随机水平翻转结果

【示例 2】对铜鼓数据库原始图像进行随机垂直翻转，得到 4 个随机样本。代码如下：

```
from torchvision import transforms
import matplotlib.pyplot as plt
from PIL import Image
import numpy
class ImageDisplay:   #定义用于显示图像的类
    def__init__(self, img):
        self.img=img   #接收来自 Image 的图像类
    def display(self, bianhuan):    #定义接收通过 transforms 的变换类
        _, axes=plt.subplots(1, 4)
        for i in range(4):
            axes[i].imshow(bianhuan(self.img))        #对铜鼓图像通过变换
                                                      #类进行变换
            axes[i].axes.get_xaxis().set_visible(False)  #matplotlib
                                                         #隐藏 x 坐标轴
            axes[i].axes.get_yaxis().set_visible(False)  #matplotlib
                                                         #隐藏 y 坐标轴
        plt.show()
def chuizhi():
    img=Image.open('./pics/1.jpg')       #读取铜鼓图像为 Image 对象
    imgdp=ImageDisplay(img)      #声明为显示图像类的对象
    bianhuan=transforms.RandomVerticalFlip(0.75) #定义为垂直翻转
                                                 #变换方法概率为 0.75
    imgdp.display(bianhuan)      #调用图像展示对象的显示方法显示转换结果
```

铜鼓图像垂直翻转随机变换运行结果如图 4-12 所示。

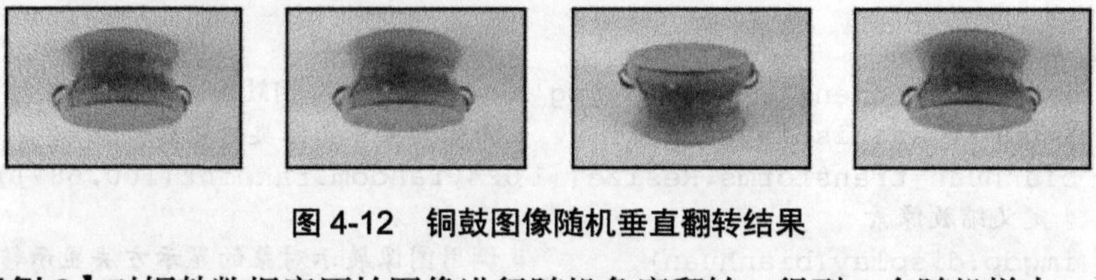

图 4-12　铜鼓图像随机垂直翻转结果

【示例 3】对铜鼓数据库原始图像进行随机角度翻转，得到 4 个随机样本。代码如下：

```
from torchvision import transforms
import matplotlib.pyplot as plt
from PIL import Image
import numpy
class ImageDisplay:  # 定义用于显示图像的类
    def__init__(self, img):
        self.img=img   # 接收来自 Image 的图像类
    def display(self, bianhuan):  # 定义接收通过 transforms 的变换类
        _, axes=plt.subplots(1,4)
        for i in range(4):
            axes[i].imshow(bianhuan(self.img))        # 对铜鼓图像通过变换
                                                      # 类进行变换
            axes[i].axes.get_xaxis().set_visible(False)  #matplotlib
                                                         #隐藏 x 坐标轴
            axes[i].axes.get_yaxis().set_visible(False)  #matplotlib
                                                         #隐藏 y 坐标轴
        plt.show()
def xuanzhuan():
    img=Image.open('./pics/4.jpg')          # 读取铜鼓图像为 Image 对象
    imgdp=ImageDisplay(img)                 # 声明为显示图像类的对象
    bianhuan=transforms.RandomRotation((1,89),center=(512,344),fi
ll=(255,0,0))
    # 定义为随机旋转 45 度，旋转中心默认图像中心图像 1 024×687 中心为 (512, 344)
    # 旋转产生的空白部分填充红色
    imgdp.display(bianhuan)          # 调用图像展示对象的显示方法显示转换结果
```

铜鼓图像随机角度旋转运行结果如图 4-13 所示。

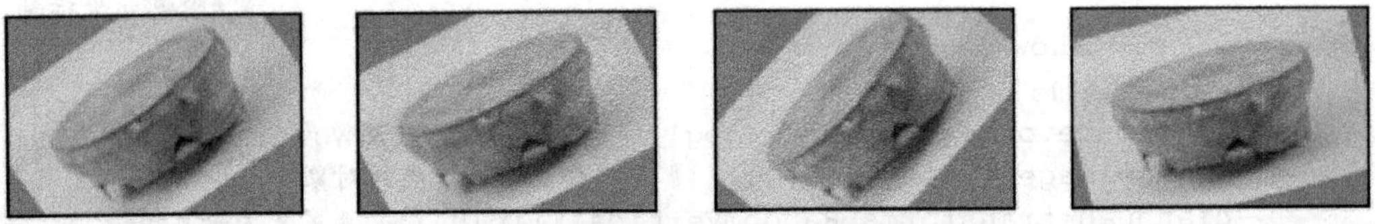

图 4-13　铜鼓图像在 1°~89° 随机旋转

【示例 4】铜鼓数据库原始图像进行缩放，得到 4 个样本但不具备随机性。

代码如下：

```
def suofang():
    img=Image.open('./pics/5.jpg')        # 读取铜鼓图像为 Image 对象
    imgdp=ImageDisplay(img)           # 声明为显示图像类的对象
    bianhuan=transforms.Resize((1 024,random.randint(100,687)))
    # 定义缩放像素
    imgdp.display(bianhuan)           # 调用图像展示对象的显示方法显示转换结果
```

尽管取到 y 轴方向的随机整数，但在调用缩放方法时由于变换参数已经确定无法获得随机效果，需要反复调用才会传递随机性。缩放效果如图 4-14 所示。

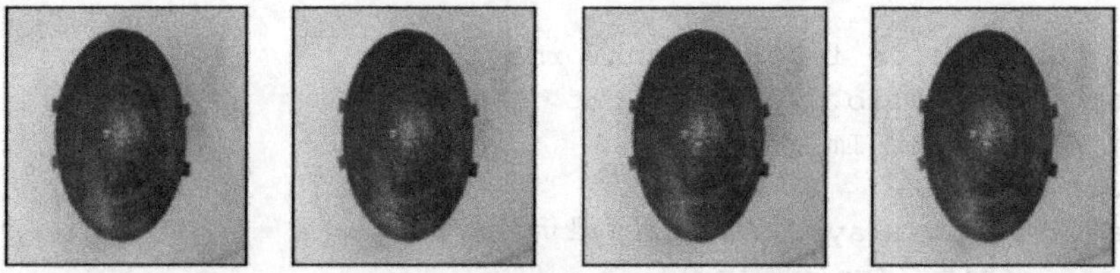

图 4-14　铜鼓图像缩放效果

【示例 5】对铜鼓数据库原始图像进行随机选择区域进行剪裁。

代码如下：

```
from torchvision import transforms
import matplotlib.pyplot as plt
from PIL import Image
import numpy
class ImageDisplay:   # 定义用于显示图像的类
    def__init__(self, img):
        self.img=img   # 接收来自 Image 的图像类
    def display(self, bianhuan):    # 定义接收通过 transforms 的变换类
        _, axes=plt.subplots(1, 4)
        for i in range(4):
            axes[i].imshow(bianhuan(self.img)) # 对铜鼓图像通过变
                                               # 换类进行变换
            axes[i].axes.get_xaxis().set_visible(False) #matplotlib
                                                        #隐藏 x 坐标轴
            axes[i].axes.get_yaxis().set_visible(False) #matplotlib
                                                        #隐藏 y 坐标轴
        plt.show()
def sjjc():
    ''' 对铜鼓图像随选择区域进行剪裁 '''
    img=Image.open('./pics/6.jpg')        # 读取铜鼓图像为 Image 对象
    imgdp=ImageDisplay(img)         # 声明为显示图像类的对象
    bianhuan=transforms.RandomCrop((200, 200))
    # 定义随机剪裁的像素大小为 (200*200)
    imgdp.display(bianhuan)         # 调用图像展示对象的显示方法显示转换结果
```

程序运行结果如图 4-15 所示，随机选取了图像的部分信息。

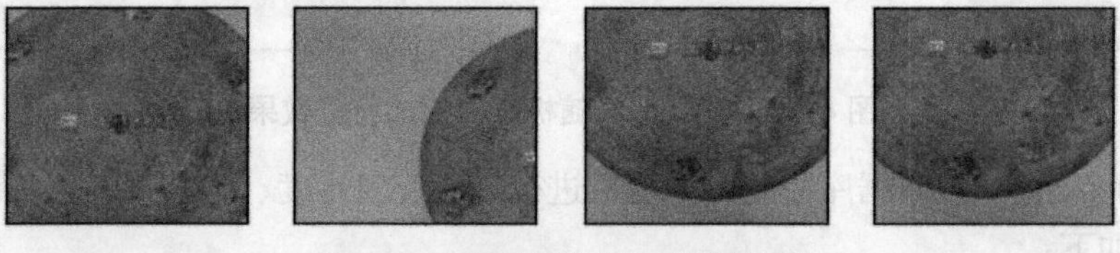

图 4-15　铜鼓图像随机剪裁效果

【示例 6】对铜鼓数据库原始图像进行随机选择缩放剪裁。

代码如下：

```
from torchvision import transforms
import matplotlib.pyplot as plt
from PIL import Image
import numpy
class ImageDisplay:   # 定义用于显示图像的类
    def__init__(self, img):
        self.img=img   # 接收来自 Image 的图像类
    def display(self, bianhuan):   # 定义接收通过 transforms 的变换类
        _, axes=plt.subplots(1, 4)
        for i in range(4):
            axes[i].imshow(bianhuan(self.img))   # 对铜鼓图像通过变
                                                 # 换类进行变换
            axes[i].axes.get_xaxis().set_visible(False)  #matplotlib
                                                         #隐藏 x 坐标轴
            axes[i].axes.get_yaxis().set_visible(False)  #matplotlib
                                                         #隐藏 y 坐标轴
        plt.show()
def sjsfjc():
    ''' 对铜鼓图像随选择区域进行缩放剪裁 '''
    img=Image.open('./pics/7.jpg')# 读取铜鼓图像为 Image 对象
    imgdp=ImageDisplay(img)# 声明为显示图像类的对象
    bianhuan=transforms.RandomResizedCrop((500,400),scale=(0.08,
0.5),ratio=(0.5, 2))
    # 定义随机缩放剪裁后的铜鼓图像像素大小为（500*400）
    # 裁剪面积为原来铜鼓图像 8%~50% 之间的随机数
    # 裁剪区域的宽高比为 1:2~2:1 的随机数，裁剪位置随机
    imgdp.display(bianhuan)      # 调用图像展示对象的显示方法显示转换结果
```

程序运行结果如图 4-16 所示，位置、面积、裁剪面积宽高比例随机选取，并按规定大小得到 4 个样本。

图 4-16　铜鼓图像随机选择缩放剪裁效果

【示例 7】对铜鼓数据库原始图像随机进行亮度、对比度、饱和度、色相调节。

代码如下：

```
    '''
    brightness (float 或 float 类型元组 (min, max)) - 亮度的偏移幅度
    brightness_factor 从 [max(0, 1-brightness), 1+brightness] 中随机采样产
生，应当是非负数
    contrast (float 或 float 类型元组 (min, max)) - 对比度偏移幅度。
    contrast_factor 从 [max(0, 1-contrast), 1+contrast] 中随机采样产生，应
当是非负数
    saturation (float 或 float 类型元组 (min, max)) - 饱和度偏移幅度
    saturation_factor 从 [max(0, 1-saturation), 1+saturation] 中随机采样产
生，应当是非负数
    hue (float 或 float 类型元组 (min, max)) - 色相偏移幅度
    '''
    def sjldbs():
        ''' 对铜鼓图像进行随机的亮度、对比度、饱和度、色相调节 '''
        img=Image.open('./pics/8.jpg')        # 读取铜鼓图像为 Image 对象
        imgdp=ImageDisplay(img)      # 声明为显示图像类的对象
        bianhuan=transforms.ColorJitter(brightness=[0.1,1.5],contrast=
0.3,saturation=1.5,hue=0.5)
        # 亮度随机取值范围为 0.1~1.5
        # 对比度随机取值范围为 0.7~1.3, 因为 max(0,1-0.3)=0.7
        # 饱和度随机取值范围为 0~2.5, 因为 max(0,1-1.5)=0
        # 色相随机取值范围为 -0.5~0.5
        imgdp.display(bianhuan)         # 调用图像展示对象的显示方法显示转换结果
```

程序运行结果如图 4-17 所示。

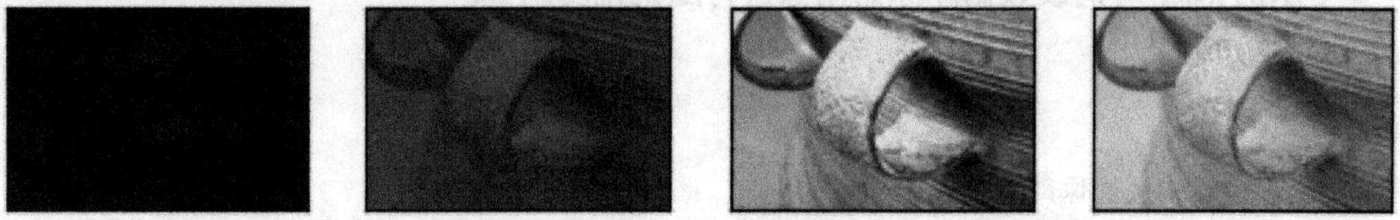

图 4-17　铜鼓图像随机的亮度、对比度、饱和度、色相调节效果

【示例 8】对铜鼓数据库原始图像进行随机灰度转换。

代码如下：

```
    def sjhd():
        ''' 铜鼓图像随机灰度转换 '''
        img=Image.open('./pics/9.jpg')        # 读取铜鼓图像为 Image 对象
        imgdp=ImageDisplay(img)         # 声明为显示图像类的对象
        bianhuan=transforms.RandomGrayscale(p=0.5)
        # 以概率 0.5 将铜鼓图像转化为灰度图
        imgdp.display(bianhuan)         # 调用图像展示对象的显示方法显示转换结果
```

程序运行结果如图 4-18 所示。

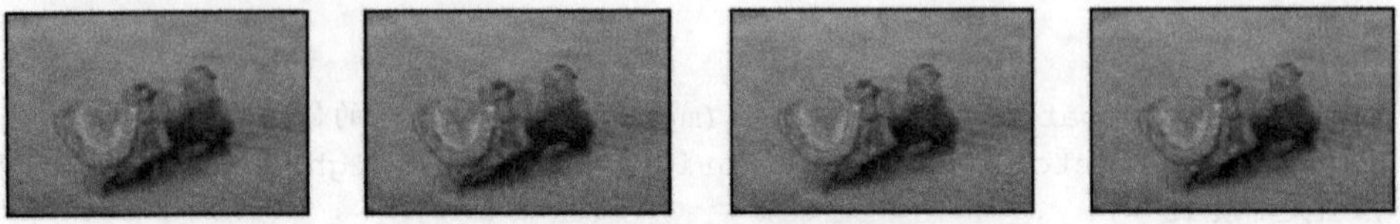

图 4-18　铜鼓图像随机灰度转换效果

【示例 9】对铜鼓数据库原始图像进行随机颜色转换。

代码如下：

```
def sjfz():
    ''' 铜鼓图像随机色彩转换 '''
    img=Image.open('./pics/10.jpg')          # 读取铜鼓图像为 Image 对象
    imgdp=ImageDisplay(img)       # 声明为显示图像类的对象
    bianhuan=transforms.RandomInvert(p=0.5)
    # 以概率 0.5 将铜鼓图像进行颜色转换
    imgdp.display(bianhuan)       # 调用图像展示对象的显示方法显示转换结果
```

程序运行结果如图 4-19 所示。

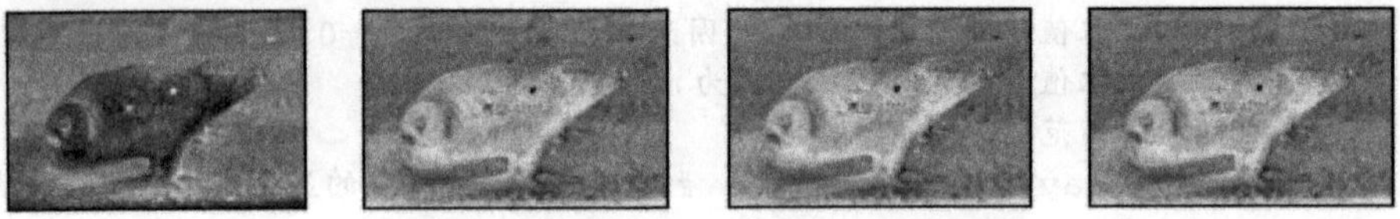

图 4-19　铜鼓图像随机颜色转换效果

【示例 10】对铜鼓数据库原始图像进行随机锐度调节。

代码如下：

```
def sjrd():
    ''' 铜鼓图像随机锐度调节 '''
    img=Image.open('./pics/11.jpg')          # 读取铜鼓图像为 Image 对象
    imgdp=ImageDisplay(img)  # 声明为显示图像类的对象
    bianhuan=transforms.RandomAdjustSharpness(100,p=0.5)
    # 以概率 0.5 将铜鼓图像进行锐度调节到 100
    # 锐度为 0 表示模糊，锐度不设最大值
    imgdp.display(bianhuan)       # 调用图像展示对象的显示方法显示转换结果
```

程序运行结果如图 4-20 所示。

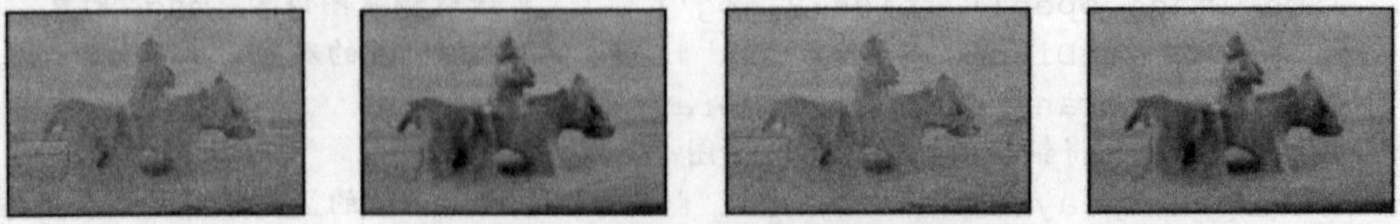

图 4-20　铜鼓图像随机锐度调节效果

【示例 11】对铜鼓数据库原始图像组合图像增强。

代码如下：

```
def zhbh():
    ''' 将各种变化综合 '''
    img=Image.open('./pics/13.jpg')      # 读取铜鼓图像为 Image 对象
    imgdp=ImageDisplay(img)      # 声明为显示图像类的对象
    bianhuan=transforms.Compose(
       [transforms.RandomResizedCrop((200,200)scale=(0.08,0.5),
ratio=(0.5, 2)),
        transforms.ColorJitter(brightness=[0.1, 1.5],contrast=0.3,
saturation=1.5,hue=0.5),
        transforms.RandomAdjustSharpness(100,p=0.5),
        transforms.RandomInvert(p=0.5),
        transforms.RandomRotation((1, 89), fill=(255, 0, 0)),
        ])
    # 定义随机缩放剪裁后的铜鼓图像像素大小为（200*200）
    # 裁剪面积为原来铜鼓图像的 8%~50% 之间的随机数
    # 裁剪区域的宽高比为 1:2~2:1 的随机数，裁剪位置随机
    #--------
    # 亮度随机取值范围为 0.1~1.5
    # 对比度随机取值范围为 0.7~1.3，因为 max(0,1-0.3)=0.7
    # 饱和度随机取值范围为 0~2.5，因为 max(0,1-1.5)=0
    # 色相随机取值范围为 -0.5~0.5
    #---------
    # 以概率 0.5 将铜鼓图像进行锐度调节到 100
    # 以概率 0.5 将铜鼓图像进行颜色反转
    # 定义为随机旋转 45°，旋转中心默认图像中心
    imgdp.display(bianhuan)      # 调用图像展示对象的显示方法显示转换结果
```

程序运行结果如图 4-21 所示。

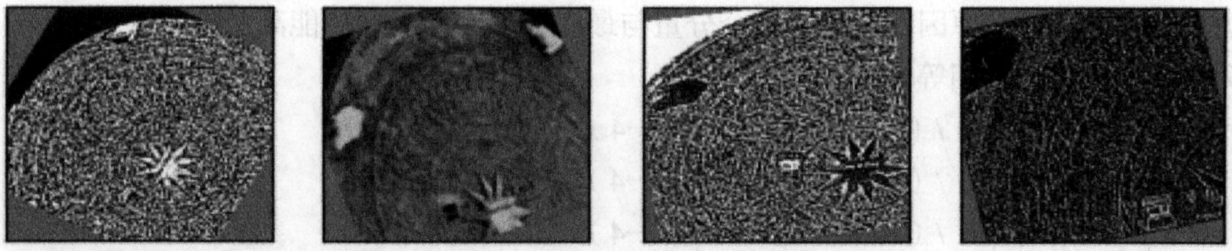

图 4-21　铜鼓图像组合增强效果

【示例 12】对铜鼓数据库原始图像进行归一化。

代码如下：

```
from torchvision.transforms import ToTensor, ToPILImage, Normalize
def guiyi():
    ''' 铜鼓图像归一化操作 '''
```

```
pic=Image.open('./pics/12.jpg')
img2tensor, tensor2img=ToTensor(), ToPILImage()
normalizer=Normalize([0.5, 0.5, 0.5], [0.5, 0.5, 0.5])
pic=tensor2img(normalizer(img2tensor(pic)))
```

运行图像归一化处理函数后的铜鼓图像如图 4-22 所示。

图 4-22　铜鼓图像归一化效果

归一化是将任何数量级的数据降至 0~1 之间得到某一正纯小数的近似算法。归一化能有效解决因输入数值过大造成运算缓慢的问题。归一化原理可以用以下数学模型进行解释。

假设有一个 5 维向量 x=[26，35，78，89，4] 需要进行归一化处理，向量中最大分量为 89，最小分量为 4，那么可以将每一个分量在向量中的比重作为该向量分量的新的近似值。这样做的原因是向量中每个分量与最小分量的差值不可能高于最大分量与最小分量的差值，最多相等。

x_1'=（x_1−xmin）/（xmax−xmin）=（26−4）/（89−4）=0.259

x_2'=（x_2−xmin）/（xmax−xmin）=（35−4）/（89−4）=0.365

x_3'=（x_3−xmin）/（xmax−xmin）=（78−4）/（89−4）=0.870

x_4'=（x_4−xmin）/（xmax−xmin）=（89−4）/（89−4）=1

x_5'=（x_5−xmin）/（xmax−xmin）=（4−4）/（89−4）=0

归一化处理后，x'=[0.259，0.365，0.870，1，0]，将所有的分量控制在了 0~1 以内。

对于图像像素矩阵，每个像素在 0 到 255 之间，如果直接进行运算则会产生巨大的运算量，归一化思想用在图像处理上能降低图像计算的运算量，从而加快神经网络的收敛，可以将像素值与 255 的比值作为图像像素值归一化的数值。

经过以上图像处理，对为数不多的铜鼓图片数据库进行了有效扩充，目前扩充至6万张铜鼓样本图像。

（二）铜鼓图像训练、验证和测试集的构建

在对铜鼓图像进行预处理时，扩大了铜鼓图像的样本空间。同时，需要注意要建立好扩充的经过预处理的铜鼓图像和原铜鼓图像的联系，这样可以在特征比对时提高铜鼓图像检索定位的准确性。铜鼓图像在进行提取特征或者机器学习之前，首先要解决拿什么数据进行训练的问题。如果将整个铜鼓图像样本进行训练，测试就只能选用训练样本中的子集，这样做可能会面临过度拟合的问题。因为同样的图像既用作训练又用作测试，那么在评价识别模型时获得高分的概率是很大的，这个分数很可能是虚假的，并不能证明对未知图像具有很高的识别率，也就是模型识别的泛化水平没有得到验证。如果对铜鼓图像进行划分，一部分用来进行机器学习（训练模型），一部分进行学习测试（模型测试）就可以抑制出现因此产生的过拟合现象。训练集（Training Set）可以定义为用来让模型确定拟合曲线（函数）的数据集合，测试集（Test Set）用于测试模型识别准确度的数据集。

将铜鼓数据集划分为训练集和测试集，这种方法称为留出法，又称直接划分法。若铜鼓数据集合为 D，训练集为 S，测试集为 T，则 $D=S \cup T$，$S \cap T=$ 空集。在 S 上训练得出模型后，用 T 来评估其误差。

测试集是模型中从未见过的数据，因此用于评估更可靠、准确。如果在铜鼓图像测试集上评估铜鼓识别模型并获得高分，则可以有效证明该模型可以对大部分铜鼓图像进行识别。但是，如何划分却成了问题，数万张铜鼓图像的训练集和测试集的划分方式是个巨大的数字，而有限次的机器学习和测试也很难说这种划分是最有代表性的和最有效的。铜鼓图像训练和测试集的构成的不同有可能会得到不同的判断结果，这会使得铜鼓识别模型的稳定和收敛变得非常困难。

设置铜鼓图像测试集的作用是为了对铜鼓识别模型的泛化误差（对未知图像得识别能力）进行评估，用测试集在模型上进行计算得到的测试误差可以认为是接近模型的实际泛化误差。这与划分铜鼓图像样本集的比例有很大关联，划分的测试集的数据过少，会导致测试不够全面，得到的测试误差与泛化误差偏离变大，就失去了测试的意义。所以，需要在划分铜鼓数据集时，要充分考虑铜鼓训练集和测试集的比例。

要保证对模型测试的客观和准确，通过以往的经验训练集和测试集的比例原样本空间有直接关联。如果样本空间较小，测试集数据的数量要占的比例就会比大型数据占的比例高。在实际应用中，对于较小的数据集，训练集数据和测试集数据的划分比例可以是 3∶2、7∶3 或 4∶1，对于中型的数据集合可以设置为 9∶1，对于超大型的数据集合甚至可以达到 99∶1。铜鼓图像数据还是属于中小型数据集，因此设置的训练测试比

控制在 9∶1~20∶1 之间比较合适。

铜鼓图像在铜鼓数据管理平台中进行了分类，传统类型有 8 个，分别是万家坝型、石寨山型、冷水冲型、遵义型、麻江型、北流型、灵山型和西盟型，加上东南亚三种黑格尔类型和异型共有 12 种类型。每种铜鼓数据类型又进行了将近 1∶4 的扩充。如果铜鼓训练集集中在某几个类型或者铜鼓扩充的图像集，就会造成训练样本种类不足、训练不全面而带来新的问题。因此，铜鼓训练 / 测试集的划分要尽可能保证铜鼓训练数据的均匀分布，同时还要保证训练与测试的样本分布基本一致，应尽量避免铜鼓数据划分的不均匀偏差而对最终结果产生影响。例如，在铜鼓图像划分中，至少要保持训练集和测试集样本的铜鼓类型所占比例相似。从"采样"的角度来看待数据集的划分过程，则保留类别比例的采样方式通常称为"分层采样"。以 10 000 个铜鼓数据为例，若设置铜鼓样本训练集 S 和铜鼓样本测试集 T 的比例分别是，若 D 包含 700 个冷水冲型铜鼓图片、500 个石寨山型铜鼓图片，则经过分层采样得到的 S 应包含 300 个冷水冲型铜鼓图片、214 个石寨山型铜鼓图片，同时每个铜鼓数据集合应该尽量保持 1∶4 的原始图像与扩充图像的比例，若 S、T 中铜鼓样本比例差别很大，则最终拟合的误差将会变大。

一般来说，在用留出法划分集合时，会通过若干次随机划分、重复实验评估后取平均值作为留出法的评估结果，减少误差。留出法还有一个问题就是，到底训练集和测试集应该按照什么比例来划分。如果训练集的比例比较大，可能会导致训练出的模型更接近于用 D 训练出的模型，同时 T 较小，评价结果又不够准确；若 T 的比例比较大，则有可能导致评估的模型与之前有较大的差别，从而降低了评估的保真性。这个问题没有完美的解决方案，常见的做法是将大约 2/3~4/5 的样本用于训练。

留出法解决了数据集的训练测试比，但是训练集和测试集中集合元素的选取方式仅仅采用了所有选取组合方式中的一种，并不能证明为最佳的选择，因而有了交叉验证法进行改进。以铜鼓数据集的训练集和测试集按 9∶1 划分为例，将整个铜鼓训练集划分为 10 个子集，每个子集都尽可能地保证按铜鼓类型的均匀分配做到数据分布的一致性。每次抽取其中的 9 个子集的并集作为铜鼓数据训练集，剩余的铜鼓数据集合作为测试集；这样就可以得到 10 组铜鼓训练与测试集合的组合，用 10 组训练 + 测试集合对识别模型进行训练测试。交叉验证法评估结果的稳定性和保真性在很大程度上取决于子集的个数，为了强调这一点，通常把交叉验证法称为"k 折交叉验证"，k 通常取 10 即 10 折交叉验证。

交叉验证的优点是能在铜鼓数据有限的情况下从不同的角度比较全面地对数据进行学习和测试，避免出现学习或测试的局部性和片面性，但是不可避免地会出现已经学习过的内容出现在测试集中而带来的过拟合现象。因此，可以采用增加一个验证集的方式，在铜鼓训练集和测试集的划分上采用留出法，保证两个集合不存在交集，在测试集中通过交叉验证法划分出训练集和验证集两个子集。而这里训练集、验证集的划分比例仍采用 9∶1，它们的元素提取也尽量做到各类铜鼓均匀分布。下面通过代码实现了对 17 134 张铜鼓图像完整文件名的提取，再按照文件名划分出了 10 对训练集、验证集和一个测试集。

```
import random
import shutil
from sklearn.model_selection import train_test_split
from PIL import Image
import os
IMG_EXTENSIONS=[
    '.jpg', '.JPG', '.jpeg', '.JPEG',
    '.png', '.PNG', '.ppm', '.PPM', '.bmp', '.BMP',
    '.tif', '.TIF', '.tiff', '.TIFF',
]      #图片文件扩展名汇总列表

def is_image_file(filename):
    '''判断是否为图像文件'''
    return any(filename.endswith(extension) for extension in IMG_
EXTENSIONS)
source_dir='E:\gx/Images' #铜鼓图片所在目录
target_dir='E:\gx/tonggu' #铜鼓图片转存目录
def getimg(s_dir):
    '''定义从目录读取所有铜鼓图像文件并保存到列表'''
    imglist=[]
    for root, dirs, files in os.walk(s_dir):
        if not files:        #如果目录下没有文件继续循环
            continue
        for file in files:    #如果有读取文件列表
            file_path=os.path.join(root+os.sep, file)
            #将文件所在目录路径和文件名合并成文件绝对路径
            #由于root缺少后面的'/'，这里调用os.sep补上
            if is_image_file(file_path):
                imglist.append(file_path)
                #将图像文件绝对路径保存到列表
                # shutil.copy2(file_path, os.path.join(target_dir+os.
sep, file))
    return imglist
tonggu_all_list=getimg(source_dir)
def test_get():
    '''用于验证铜鼓列表中图像是否可以访问'''
    n= random.randint(0,len(tonggu_all_list)-1)
    imgtest=Image.open(tonggu_all_list[n])
    imgtest.show() #打开图像测试成功
```

```
train, test=train_test_split(tonggu_all_list, test_size=0.1)
# 划分出训练集和测试集
fen=divmod(len(train),10) # 计算得出（商，余数）
mfen=fen[0]+1 if fen[1] else fen[0]
# 如果余数为零，每份样本为商，否则每份样本数 +1
train_10=[]      # 存储 10 份样本的索引值列表
for i in range(10):      # 取值 0-9
    if i==9:    # 最后一份样本
        train_mf=train[i*mfen: ]    # 最后一份样本数可能小于每份样本数
    else:
        train_mf=train[i*mfen: (i+1)*mfen]    # 每份样本索引值
    train_10.append(train_mf)
random.shuffle(train_10)    # 打乱 10 个样本集顺序
for i in range(len(train_10)):
    random.shuffle(train_10[i])# 打乱每个样本集的顺序
train_10_tv=[]    # 存放 10 次进行训练的（训练、验证集）交叉检验集
for i in range(10):
    train_train=[]    # 用于存放每次的训练集：铜鼓图像文件名集合
    train_test=[]    # 用于存放每次的测试集：铜鼓图像文件名集合
    for j in range(10):
        if j<9:
            train_train+=train_10[j]
        else:
            train_test=train_10[j]
    train_10_tv.append([train_train,train_test])
```

代码运行结果显示及解释如下，查看其中第三次训练的训练集第 154 张图片如图 4-23 所示。

```
len(train_10_tv)             # 训练集和验证集的对数
Out[3]: 10
len(train_10_tv[0])          # 每对训练集和验证集在列表中
Out[4]: 2
len(train_10_tv[0][0])       # 训练集图像个数
Out[5]: 13878
len(train_10_tv[0][1])       # 验证集图像个数
Out[6]: 1542
len(test)                    # 测试集图像个数
Out[7]: 1714
train_10_tv[2][0][153]      # 第三次训练的训练集第 154 张图片
Out[8]: 'E: \\gx/Images\\2021-06-28\\b2a90f82-b13a-41ae-95ea-8d8b92
e18b2f.jpg_small.jpg'
img=Image.open(train_10_tv[2][0][153]) # 查看该图片
img.show()
```

图 4-23　第三次训练的训练集第 154 张图片

（三）铜鼓图像卷积神经网络训练模型

前面介绍了获得较为理想的铜鼓图像训练数据集（训练集）的方法，下面需要通过卷积神经网络进行深度学习训练得到具备能比较准确识别出铜鼓图片的模型。卷积神经网络的各种变换处理的方法集合就是通常说的模型，也可以理解为一个复杂的函数，模型可以通过参数的调整来改善输出，使得训练集和测试集的输入能得到相近甚至是相同的结果，从而可以认为模型具备广泛的适用性，哪怕是从未见过的铜鼓图像也能找出与其计算结果相近的铜鼓。

卷积神经网络（Convolutional Neural Network，CNN）是从仿生学得到启发，模仿生物认识特征的规律建立的数学模型或复杂计算函数。神经网络是一种多层前馈网络，由多个节点（按仿生学角度称为神经元）连接而成，是一种利用错误的反向传播来训练的网络。网络具有输入层、输出层和隐含层，隐含层可以是一层，也可以是多层。神经网络通常被称为三层前馈网络或三层感知器，其特征是神经元只与相邻层相连，同一层神经元之间没有连接。单层前馈神经网络只能解决线性可分问题，按不同的连接方式构建不同的网络。CNN 是其中发展出来的一个分支，从神经网络还衍生出 GAN（生成对抗网络）和 RNN（递归神经网络）等。神经网络能够类似生物一样对图像和语音有一定的识别和判断能力，由于图像识别应用和需求及其普遍神经网络得到迅速发展，其理论逐渐从仿生模拟发展过渡到了数学模型的抽象。

CNN中的卷积和数学中的卷积有一定的联系但还是有所不同，从设计思想上著名的卷积定理指出：傅里叶变换可以化复杂的卷积运算为简单的乘积运算，从而提供计算卷积的一种简单手段，而CNN同样是将复杂的求解转换为可计算的近似。CNN中的卷积是将复杂的输入经过卷积核进行抽象得到特征图。图4-24所示为简单但很典型的单卷积核的运算过程。从运算的角度来说，CNN中的卷积是乘积的累加，这样使得运算能很快实现，而这一点继承了神经网络生物认知规律：提炼特征。

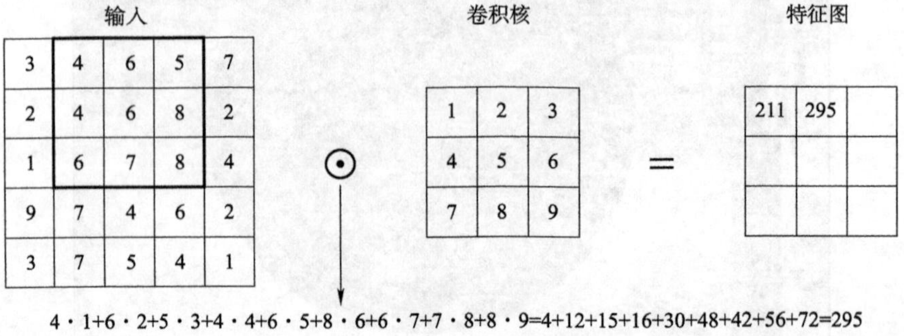

图 4-24　单卷积核运算过程

如果输入的是铜鼓图像，就会有三通道，每个通道就是图 4-24 上的输入，输入的每个方格就是该通道颜色的强度，强度取值范围是 0~255。那么就卷积核也要有三个通道与之对应，然后将三个通道的数据加起来得到特征值，特征值组合起来就成了特征图。图 4-25 所示为三通道卷积计算。

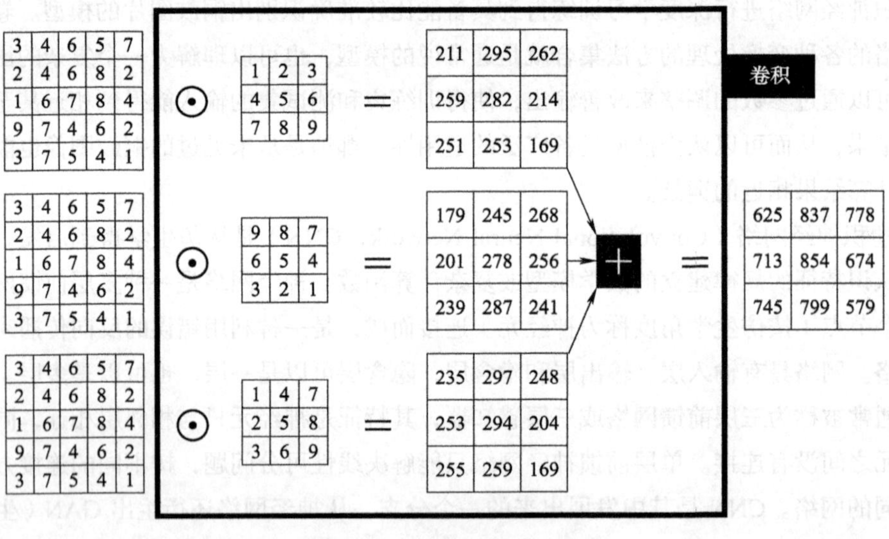

图 4-25　三通道卷积计算

由图 4-24 和图 4-25 不难看出，不同的卷积核会得到不同的特征图，就如同不同的观察角度会有不同的观察结论一样，因此，对特征图的调整可以得到区别于其他图像的特征。需要说明的是，上述卷积计算的步长均为 1，即卷积核在输入样本上每次移动的格子数。步长大小也决定了特征图的大小，步长越大，特征图越小，特征也就越粗略。下面给出了修改卷积核的代码。

```
class GaussianBlur(nn.Module):
    def__init__(self):
        super(GaussianBlur, self).__init__()
        kernel=[[0.03797616, 0.044863533, 0.03797616],
                [0.044863533, 0.053, 0.044863533],
                [0.03797616, 0.044863533, 0.03797616]]
        kernel=torch.FloatTensor(kernel).unsqueeze(0).unsqueeze(0)
        self.weight=nn.Parameter(data=kernel, requires_grad=False)
    def forward(self,x):
        x1=x[:,0]
        x2=x[:,1]
        x3=x[:,2]
        x1=F.conv2d(x1.unsqueeze(1), self.weight, padding=2)
        x2=F.conv2d(x2.unsqueeze(1), self.weight, padding=2)
        x3=F.conv2d(x3.unsqueeze(1), self.weight, padding=2)
        x=torch.cat([x1, x2, x3], dim=1)
        return x
```

由此可见，卷积核和步长都是可以通过修改来改变特征提取方式的。

图像特征往往没有那么单一，例如铜鼓图像，仅从轮廓或者颜色还是很难区分出来独有的特点。如此一来，需要通过不同的卷积核提取不同的特征图，也就是说一个卷积核必定产生一个特征图。卷积的次数自然也会对特征产生影响，这也和生物认识规律相近似：多观察几遍能得到更多的被观察事物的特征。积次数也就是卷积的层数，层数越多，得出的特征就会越抽象。

通过多次卷积，特征会变得越来越多，计算也会越复杂。解决这一问题是对特征图进行降维，也就是压缩。而压缩的办法通常是池化。池化有两种：一个是取平均值，一个是取最大值，一般都取最大值，最大池化过程如图 4-26 所示。

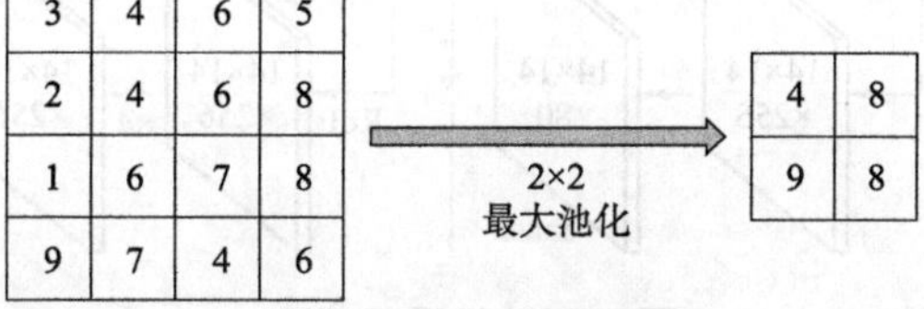

图 4-26　最大池化过程

池化的作用可以简单理解为进一步提取特征而降维。

CNN 发展到今天已经有了多次改进，Mask R-CNN 就是图像识别比较常用的模型。Mask R-CNN 是一个实例分割（Instance Segmentation）算法，实例分割是在语义分割的基础上再进行目标检测。Mask R-CNN 模型主要是 Faster R-CNN+FCN（目标检测算法 Faster R-CNN 和经典的语义分割算法 FCN），更具体一点就是 ResNeXt+RPN+RoI Align+Fast R-CNN+FCN，如图 4-27 所示。图中实线部分为 Faster-RCNN 的结构，虚线部分为掩码 R-CNN。

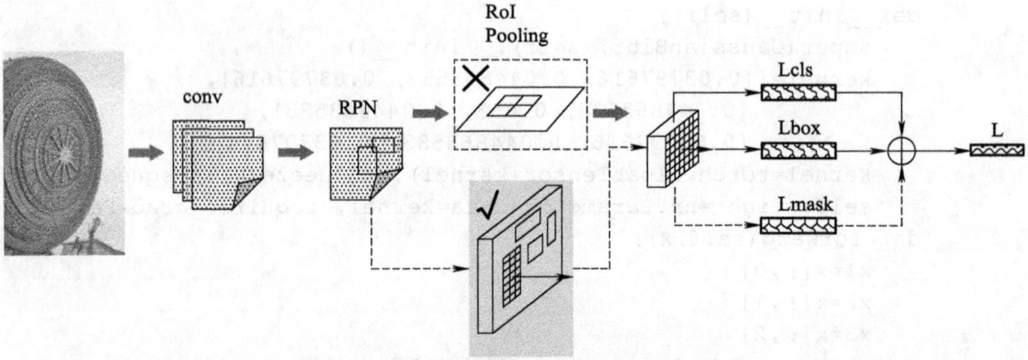

图 4-27　掩码 R-CNN 结构图

掩码 R-CNN 在 Faster R-CNN 的基础上添加了一个预测分割的掩码（掩码 mask 是相对于PAD而产生的技术，具备告诉模型一个向量有多长的功效。掩码矩阵有如下特点：掩码矩阵是与 PAD 之后的矩阵具有相同的结构。掩码矩阵只有 1 和 0 两个值，如果值为 1 表示 PAD 矩阵中该位置的值有意义，值为 0 则表示对应 PAD 矩阵中该位置的值无意义。PAD 操作即是将不同长度的向量进行对齐的填充过程）分支，如图 4-28 所示掩码部分。将 Roi Pooling 层替换成了 RoIAlign 层；添加了并列的 FCN 层（掩码层）。整个网络结构包含两部分：一部分是骨干网，用于提取特征（特征矩阵）；另一部分是分支，负责分类和回归即对每一个 ROI 进行分类、框回归和掩码预测。

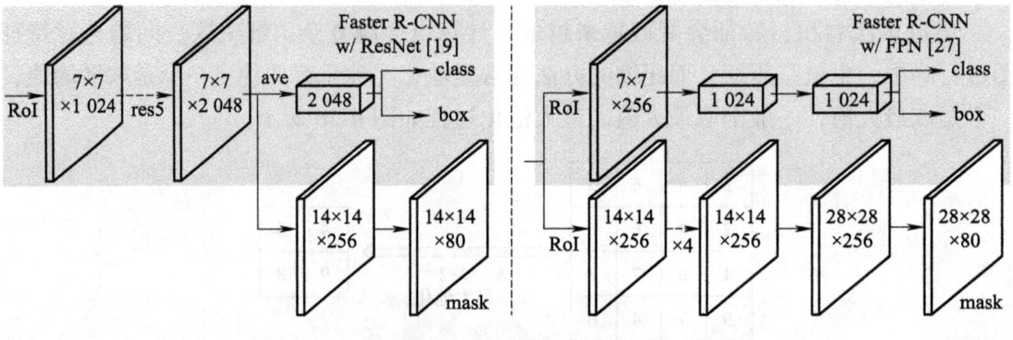

图 4-28　掩码 R-CNN

对于左边的架构，骨干网使用的是预训练好的 ResNet（图 4-28 中 res5），使用 ResNet 倒数第 4 层的网络。输入的 ROI 首先获得 7 × 7 × 1 024 的 ROI feature，然后将其升维到 2 048 个通道（这里修改了原始的 ResNet 网络架构），然后有两个分支，上面的分支负责分类和回归，下面的分支负责生成对应的掩码。由于前面进行了多次卷积和池化，减小了对应的分辨率，掩码分支开始利用反卷积进行分辨率的提升，同时减少通道的个数，变为 14 × 14 × 256，最后输出了 14 × 14 × 80 的掩码模板。

而右边使用到的 backbone（图 4-28 右灰色部分）是 FPN 网络，这是一个新的网络，通过输入单一尺度的图片，最后可以在一定程度上面提高检测的精度。由于 FPN 网络已经包含了 res5（图 4-27 左侧灰色部分），可以更加高效地使用特征，因此这里使用了较少的卷积核。该架构也分为两个分支，作用于前者相同，但是分类分支和掩码分支和前者（Faster R-CNN）相比有很大的区别。FPN 网络可以在不同尺度的特征矩阵上面获得许多有用信息，因此分类时使用了更少的滤波器。而掩码分支中进行了多次卷积操作，首先将 ROI 变化为特征图，然后进行了 5 次相同的操作，然后进行反卷积操作，最后输出掩码。即输出了更大的掩码，与前者相比可以获得更细致的掩码。

每个 ROIAlign 对应 Km^2 维度的输出。K 是类别个数，即输出 K 个掩码，m 对应池化分辨率（7×7）。损失函数是计算神经网络每次迭代的前向计算结果与真实值的差距的函数，用于指导下一步的训练向正确的方向进行。损失函数定义为 L_{mask}（Cls_k）= Sigmoid（Cls_k），平均二值交叉熵（Average Binary Cross-Entropy）损失，具体公式如下：

$$L_{\text{mask}}\frac{1}{m^2}\sum_{i}^{K}(1^k)\sum_{1}^{m^2}\left[-y*\log(\text{sigmoid}(x))-(1-y)*\log(1-\text{sigmoid}(x))\right]$$

1^k 表示当第 k 个通道对应目标的真实类别时为 1，否则为 0；y 表示当前位置的掩码的标签值，为 0 或 1；x 当前位置的输出值，sigmoid（x）表示输出 x 经过 sigmoid 函数变换后的结果。

通过逐像素的损失函数计算得到。对应一个属于 GT（Ground Truth，也就是人工标注的框，即正确的或者真是的标注）中的第 k 类的 ROI，L_{mask} 仅仅在第 k 个掩码上有定义（其他的 k-1 个掩码输出对整个损失没有贡献）。之所以是 K 个掩码，是因为通过对每个类对应一个掩码可以有效避免类间竞争（其他类不贡献损失）。

确定了模型，导入数据就可以开始训练。深度学习模型训练的目的，就是使得运算尽可能地近似真实值。但是，任何模型的误差是不能避免的，尤其是首次运算在没有任何训练的情况下包括卷积核等参数都是随机的。设置判断模型准确与否的标准，误差判定数学上常用的方差定义如下。

$$\text{loss}=(y-y')^2$$

误差 loss 称为损失函数，y 是测试样本，y' 是卷积模型的预测结果。

既然误差不可避免，让误差尽可能得小就是接下来要解决的问题。通过损失函数，最能想到的是通过最小二乘法进行降阶，但最小二乘法只能拟合线性的函数，另外会遇到无法找到逆矩阵的问题。可以采取的逆向梯度下降策略已被证明是解决优化问题的较好方式。梯度下降算法每次计算参数在当前的梯度，然后让参数向着梯度的反方向前进一段距离，不断重复，直到梯度接近零时截止。此时，所有的参数恰好使损失函数达到一个最低值的状态。

下面给出参考代码供读者测试。

```
import cv2 import matplotlib
import matplotlib.pyplot as plt
from src.mrcnn.config import Config
from src.mrcnn import utils
import src.mrcnn.model as modellib
from src.mrcnn import visualize
from src.mrcnn.model import log
%matplotlib inline
# 存放训练模型日志的路径
MODEL_DIR=''logs''
# 存放预训练模型的路径
COCO_MODEL_PATH=''data/mask_rcnn_coco.h5''
# 生成相关配置项
# 定义 Config 类的子类 MyTrainConfig，指定相关的参数
class MyTrainconfig(config):
# 可辨识的名称 NAME=''my_train''
# GPU 的数量和每个 GPU 处理的图片数量，可以根据实际情况进行调整
GPU_COUNT=1
IMAGES_PER_GPU=1
# 铜鼓图像的分类个数
NUM_CLASSES=1+14 #background+14 shapes
# 图片尺寸统一处理为 1024，可以根据实际情况再进一步调小
IMAGE_MIN_DIM=1024 IMAGE_MAX_DIM=1024
# 因为生成的形状图片较小，这里可以使用较小的 Anchor 进行 RoI 检测
RPN_ANCHOR_SCALES =(8,16,32,64,128)      #anchor side in pixels
                                          #NAME?
# 每张图片上训练的 RoI 个数，因为生成的图片较小，而且每张图片上的形状较少
# 因此可以适当调小该参数，用较少的 Anchor 即可覆盖大致的物体信息
TRAIN_ROIS_PER_IMAGE=200
# 每轮训练的 step 数量
STEPS_PER_EPOCH=100
# 每轮验证的 step 数量
VALIDATION_STEPS=20
config=MyTrainconfig()
# 模型创建
# 用 "training" 模式创建模型对象用 "training" 模式创建模型对象，用于形状数据
# 集的训练
model=modellib.MaskRCNN(mode=''training'',config=config,model_
dir=MODEL_DIR)
# 加载预训练模型的权重输入
model.load_weights(coco_MODEL_PATH,by_name=True)
# 训练模型
model.train(dataset_train,dataset_val,learning_rate=config.
LEARNING_RATE,epochs=1, layers='all')
# 指定模型存放的路径，即当前程序同级目录下
model_savepath='my_mrcnn_model.h5'
```

```
    model.keras_model.save_weights(model_savepath)
    # 模型推理
    # 步骤 1 创建 "Inference" 模式的模型对象
    #使用模型检测图片物体,定义 InferenceConfig,并创建"Inference"模式的模型对象。
    class Inferenceconfig(MyTrainconfig):
        GPU_COUNT=1
        IMAGES_PER_GPU=1
    inference_config=Inferenceconfig()
    inference_model=modellib.MaskRCNN(mode=''inference'',config=inferen
ce_config,model_dir=MODEL_DIR)
    # 加载训练出的形状模型文件的权重信息
    print(''Loading weights from'', model_savepath)
    inference_model.load_weights(model_savepath,by_name=True)
```

铜鼓数据分析平台的最终实现效果显示，能正确识别导入铜鼓图像的类别，如图 4-29~ 图 4-32 所示。

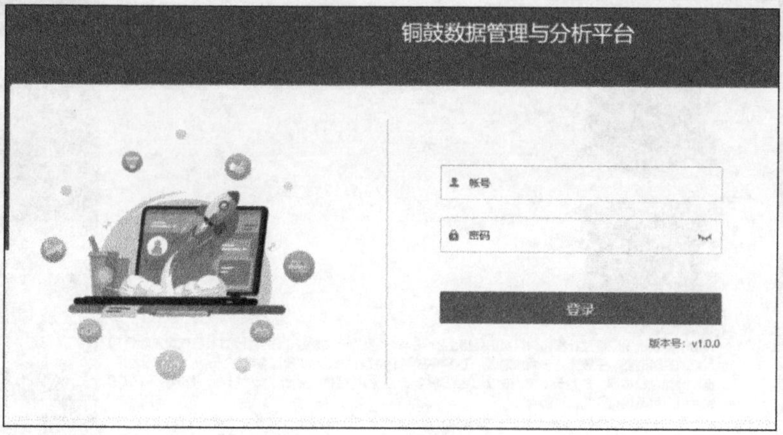

图 4-29　系统登录界面

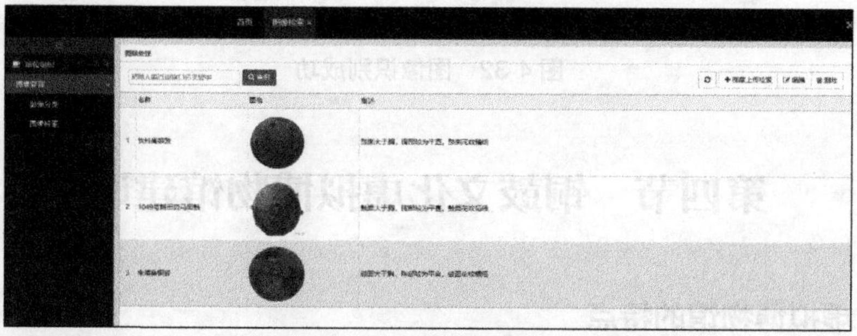

图 4-30　铜鼓图像管理

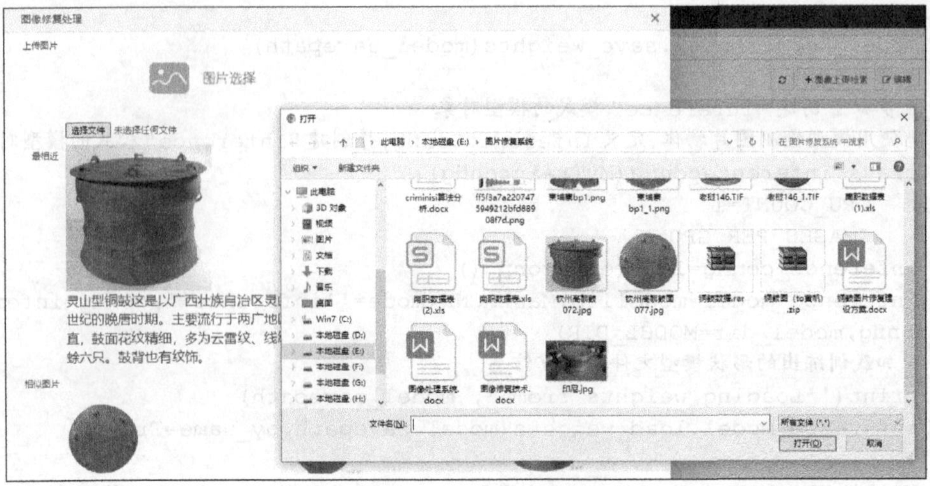

图 4-31　导入待识别的铜鼓图像

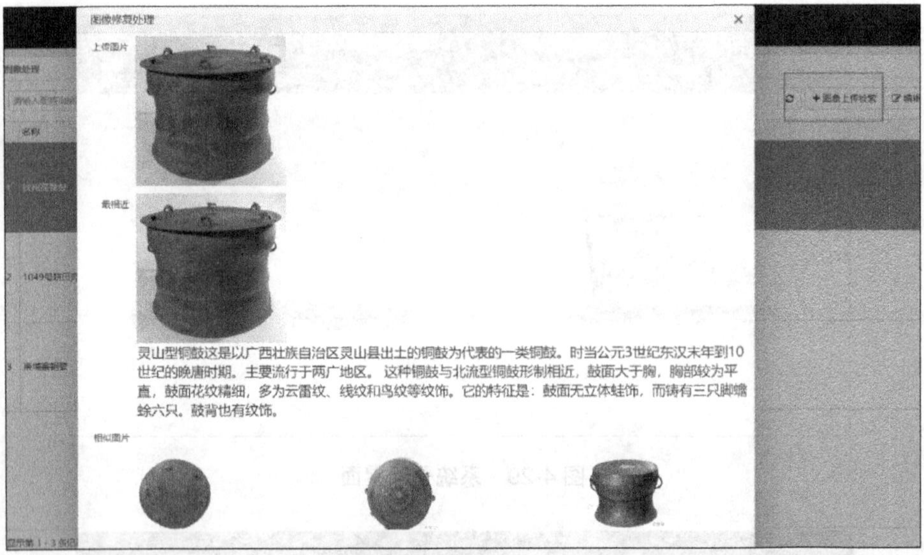

图 4-32　图像识别成功

第四节　铜鼓文化虚拟博物馆建设

一、虚拟博物馆的特点

虚拟博物馆的特点主要相对于传统博物馆而言，虚拟现实特性在与传统博物馆的信息和服务相结合后产生的特点，大致可以分为以下四点。

（一）跨界性

这种特性立足于互联网技术的信息快速传播。虚拟博物馆的出现，尤其是基于互联网传播的虚拟博物馆出现后，博物馆的内容传播打破了时间和空间的限制，使得人们可以随时随地通过互联网参观世界各地的博物馆，进而促进了文化的交流。这种跨界性也蕴含着横跨不同主题博物馆的意义，由于时空上的自由度很高，不同主题的博物馆可以打破原有的类型区别，从而按照更宏观的线索加以规划和布展，提升展览的效果。

同时，这种跨界性还包含另一层面的意义。历史文物、景观和建筑等由于现实世界中环境的影响会逐渐磨损、老旧，最终毁坏。但是，将文物和建筑数字化保存后，其保存时间将会更长，并且虚拟文物的维护也比实体文物的维护更加便捷、安全。

（二）生动性

生动性其实是从虚拟现实的特性继承而来的，广义的生动性是虚拟现实技术三维图形或全景影像的生动性，加上整合后的影片、声音等信息，使得用户可以获得全面的文物信息，更生动形象地观察和理解文物所承载的厚重文化。这种生动性优势在文物的观察上非常明显，通常情况下，大部分观众很难以自由的角度近距离观察文物的细节。但是，在文物扫描技术和虚拟现实技术诞生以后，人们可以非常随意地观察名贵文物在虚拟博物馆中的高清复制品，从而形成了虚拟现实博物馆中的狭义生动性，这种体验在实体博物馆是不易获得的。

（三）自主性

这一特性与生动性一样由虚拟现实特性继承而来。虚拟现实技术以计算机技术为基础，而计算机从诞生之初就拥有比较高的自主性，用户可以根据自己的需要编写程序，发布命令。虚拟现实技术搭建的虚拟世界中，人作为主要的行为主体同样拥有非常大的自主选择权。例如，观众可以自由选择博物馆中任意区块跳跃性观赏，或者直接通过导航界面选择自己需要的内容进行观赏。

具体到虚拟博物馆，观众可以根据自己的需要在馆中的各个板块自由穿梭，选择性地观赏，没有丝毫障碍。在经过一定的简单教学后，观众就能很方便地选择观赏的界面和观赏的媒体方式。对于文物背后的历史故事，选择短片或者文章的方式；对于乐器类文物，选择音频的方式；对于绘画类文物，选择图片类的方式等。

（四）交流性

虚拟博物馆的交流性与传统博物馆的交流性相比，有进一步的增强。传统博物馆也存在观众和馆方的交流，这种交流以信件的方式单向进行。虚拟博物馆通过互联网的信息传递实现了观众向馆方的信息传递，同时，也增加了观众之间的信息交流，这种交流可以非常丰富，而且也体现了极强的跨界性。这不仅可以为馆方提供非常便捷准确的信息反馈，同时也活跃了观众的思维，增强了观众之间的信息交流，展现了以人为本的理念。

二、虚拟博物馆的应用技术

现有的虚拟博物馆主要采用了三种实现途径：全息影像技术，主要用于馆内虚拟展示；虚拟现实技术，可用于馆内或网络；照片缝合技术，主要用于网络上传播的虚拟博物馆。

（一）全息影像技术

全息影像技术是将多角度的二维摄像通过一组组干涉光的方式进行叠加，最终实现光信息的立体呈现。全息摄像由于拍摄角度多，所需的图像信息多，在形成初期只能展现静态的物体，但是展现出的效果已经非常逼真，因此国外就有博物馆很早就采用了这种方式进行文物展示。随着计算机处理能力以及拍摄设备精度的提升，尤其是摄像机拍摄精度的提升，现在动态视频也可以进行全息式的播放，这就为博物馆的数字信息化展示增添了一条重要途径，一定程度上弥补了一些文物因为稀缺性导致的参展不足，并可以更加生动地展示文物，让参观者感受更加强烈的历史气息。

（二）虚拟现实技术

虚拟现实技术可以利用计算机生成一个三维空间，并在其中模拟搭建一个虚拟的世界，然后呈现在计算机屏幕上。配合一些声音、触觉的效果后，虚拟现实技术可以为观众带来沉浸式的绝佳体验，让观众置身其中自由地体验虚拟世界中的所有事物。例如，法国的罗浮宫运用虚拟现实技术重建了毁于1661年的阿波罗画廊，并复原了中世纪的罗浮宫地堡和下水道系统，这些都是珍贵的历史素材。伦敦博物馆也通过虚拟现实技术高度还原了著名的1666年伦敦大火，让参观者获得亲身参与历史重大事件的震撼感受。

（三）照片缝合技术

照片缝合技术是将固定位置上下、前后、左右6个视角的照片缝合成一张全视野的图片，从而形成全景图的技术。这种技术产生的图像在导入计算机后进行一些简单的处理就能为观众带来比较优良的观察环境的体验。由于是照片，所以在和场景的交互自由度上相对于虚拟现实技术稍逊一筹，但是在对环境的还原度上是非常出色的。而且，由于照片的文件相对较小，运用这种技术展示的虚拟博物馆文件体量非常小，很适合通过互联网进行实时的传输，所以大部分网络平台上的虚拟博物馆都是运用这种技术。例如，故宫博物院虚拟线上博物馆就是运用这种技术，在配合全面的导游语音和精美的文物图片后，完美地展示了宏伟的故宫建筑群，让参观者可以足不出户畅游故宫。故宫博物院虚拟博物馆也成为国内的一个典范。

三、虚拟博物馆的发展趋势

前面介绍了很多现有虚拟博物馆的技术、作用和特点，可使人们对虚拟博物馆有一个比较宏观的认识。现在根据一些博物馆的基本情况，以及虚拟现实技术发展的趋势大胆地对虚拟博物馆的未来尝试性地进行一下展望，大致分为三个方向。

（1）硬件和技术方向。主要针对虚拟现实技术所依赖的计算机技术的发展。更加优化的计算机图形渲染方式、更加强大的图形和数据计算能力，无疑对于提升虚拟博物馆的视觉效果起着最直接的作用。另外，在目前移动网络普及的环境下，网络传输的速度和稳定性对虚拟博物馆的用户体验也越来越重要，在此基础上还要提升虚拟博物馆在程序结构上的优化与压缩，否则，虚拟博物馆将会受到现实空间的极大限制从而丧失其便捷的重要立足点。新型的体感设备未来也会对虚拟博物馆的发展起到加速和推进作用。

（2）在利用网络技术进行虚拟博物馆发布和传播的同时，网络传播中的信息结构模型也开始改变传统博物馆信息单向传递的特点，使得观众可以更加自主地观看博物馆设计的展览内容，以及发布对于这些内容的回馈信息。这对于博物馆这样信息集中度较高的部门有着比较重大的意义，便于发现和调整自己的展示方向，从而减少展览中不必要的时间成本，提升博物馆的传播效率。

（3）现在大部分虚拟博物馆本质上仍然是实体博物馆在数字平台上的展示，主要展示信息仍然来源于博物馆本身的历史素材，而只存在于计算机网络平台上的博物馆现在还没有，这和行业发展的历史先后顺序有关。当下各个行业都在积极拓展数字技术和信息技术，但这些技术本身也在快速地发展、演化。未来，这些技术发展历程中一些关键信息和成果会成为信息时代中的“历史文物”，从而进入一种脱离实体的真正意义上的虚拟博物馆。那时的人们也许已经脱离了传统的输入设备，以一种更加智能、更加亲和的人机交流方式参观着虚拟博物馆，而当下的技术成果也已经进入这些博物馆中。

总之，虚拟博物馆作为传统博物馆的延伸和拓展，充分运用了现代计算机技术和网络技术，成了虚拟现实技术比较重要的一个应用领域。相信在未来，方兴未艾的虚拟博物馆会不断发展，为文物的展示和历史的再现提供更加丰富多彩的手段，成为文化传播的利器。

四、铜鼓文化虚拟博物馆建设

虚拟博物馆运用交叉推算、过程化信息集成和相关性模糊查询等方式真实再现铜鼓技艺，建立集大数据清洗、加工、描述为一体的虚拟现实体验平台。运用 Web 3D 技术，创建基于 Web 浏览器的、具有实时漫游特性的网络虚拟效果，将铜鼓及制造工艺、日常生活活动、习俗和仪式在互联网上提供虚拟互动体验。主要达成三个目的：一是对破损和失传的铜鼓及铸造工艺进行仿真复原；二是提供体验铜鼓的人文内涵的情境；三是将铜鼓与现代元素相融合,实现商业应用。铜鼓虚拟博物馆的结构图如图 4-33 所示。

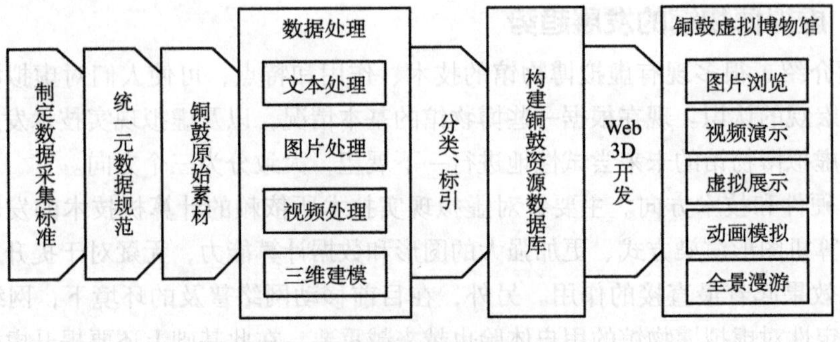

图 4-33　铜鼓虚拟博物馆结构图

铜鼓文化虚拟博物馆对照真实博物馆的搜集、保存、修护、研究、展览、教育、娱乐功能，进行相似形式的设计。集合了铜鼓数据采集、数据平台、铜鼓图片修复与分析以及铜鼓的虚拟仿真展示等功能。本节主要介绍虚拟仿真展示设计，其他模块在前面三节已进行了介绍。虚拟仿真展示模块设计主要包括横向和纵向两个维度。横向维度一般包括需求分析、概要设计、详细设计、编码测试四个阶段，如图 4-34 所示。

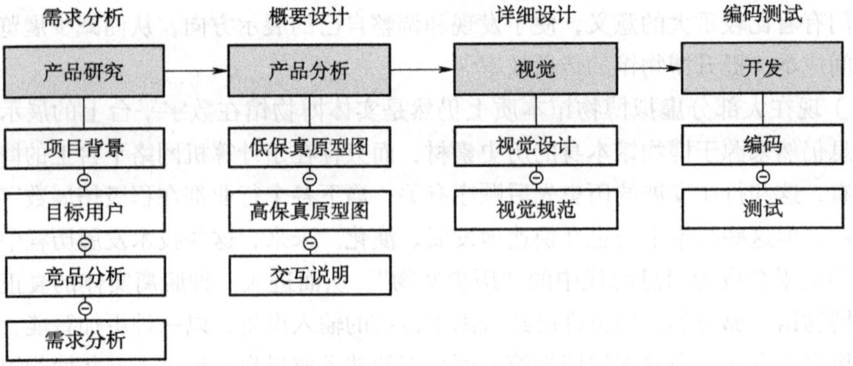

图 4-34　虚拟仿真展示模块设计过程

纵向维度主要考虑工作分工的层级，可以分为表现层、架构层、结构层、范围层和战略层，各层包含的工作内容如图 4-35 所示。

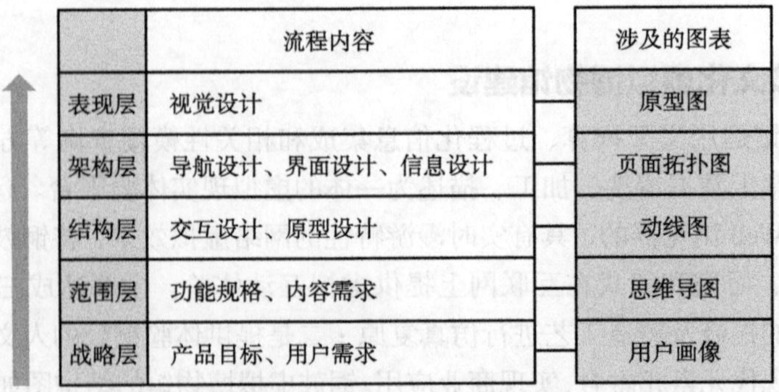

图 4-35　铜鼓虚拟仿真展示模块纵向设计分工层级

通过对铜鼓展示适用人群的调研，通过真实博物馆参观场景对仿真设计进行梳理，可以得到如图 4-36 所示的铜鼓虚拟展示模块的设计思维导图。

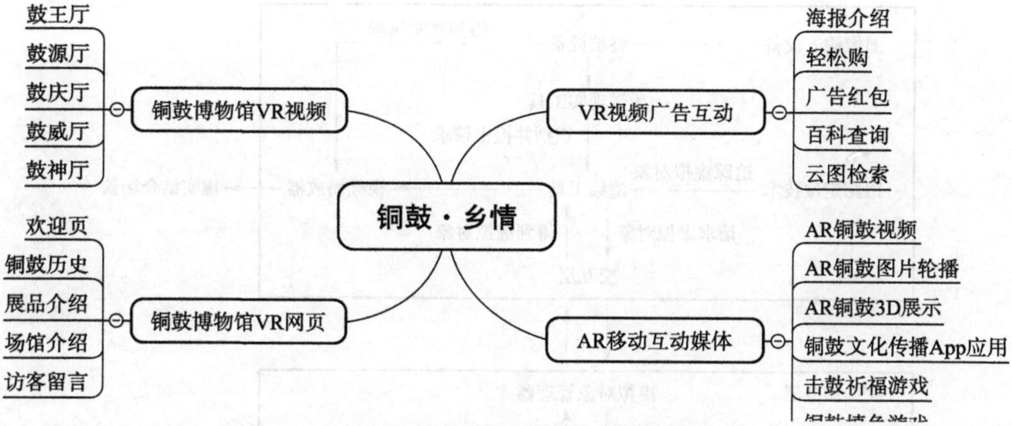

图 4-36　铜鼓虚拟现实展示模块思维导图

铜鼓虚拟现实展示模块可分为“铜鼓博物馆 VR 视频”“铜鼓博物馆 VR 网页”“VR 视频广告互动”“AR 互动媒体”四部分进行设计。在真实的铜鼓展示场馆拍摄制作出全景视频，用户能通过 VR 穿戴设备身临其境地体验铜鼓博物馆；WebVR 使用 Java 语言和 WebGL 语言设计出在 PC 端和手机端的浏览器中观看全景影像，也可进行参观点的切换，加上音效、字幕和语音提示来达到近似穿戴 VR 设备的网页体验。图 4-37 所示为东兰民间铜鼓收藏馆的 VR 展示网站结构。

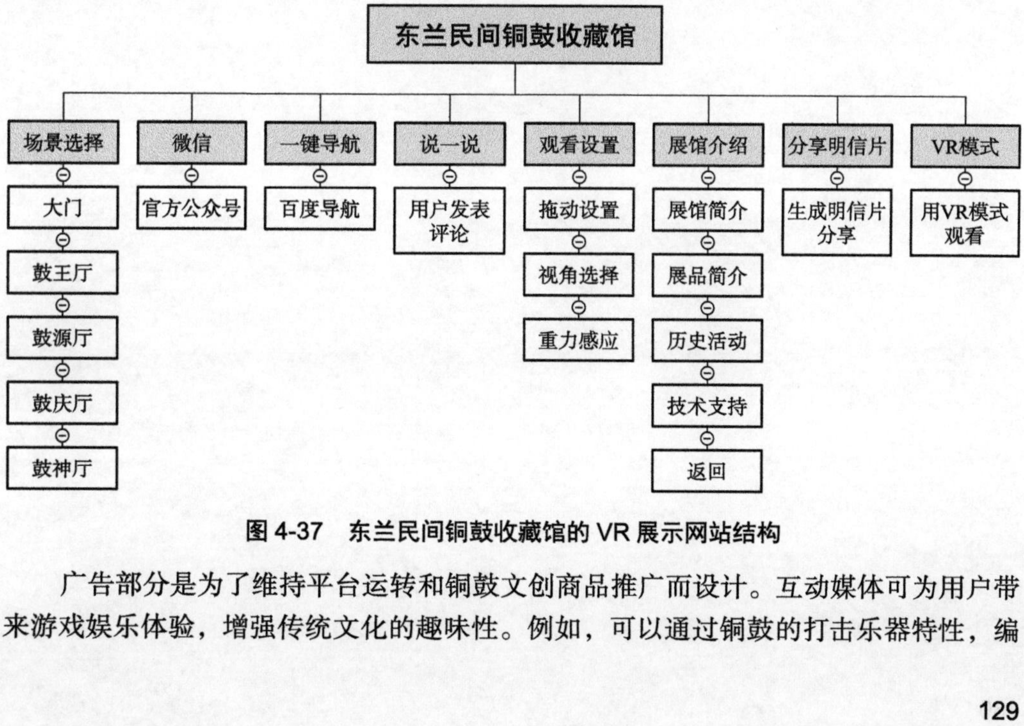

图 4-37　东兰民间铜鼓收藏馆的 VR 展示网站结构

广告部分是为了维持平台运转和铜鼓文创商品推广而设计。互动媒体可为用户带来游戏娱乐体验，增强传统文化的趣味性。例如，可以通过铜鼓的打击乐器特性，编排一些用户熟悉且简单的曲目让用户敲击铜鼓来跟准音符，通过正确率奖励商城积分兑换礼品；与铜鼓合影等增强交互的设计。图4-38所示为基于终端的AR流程设计。

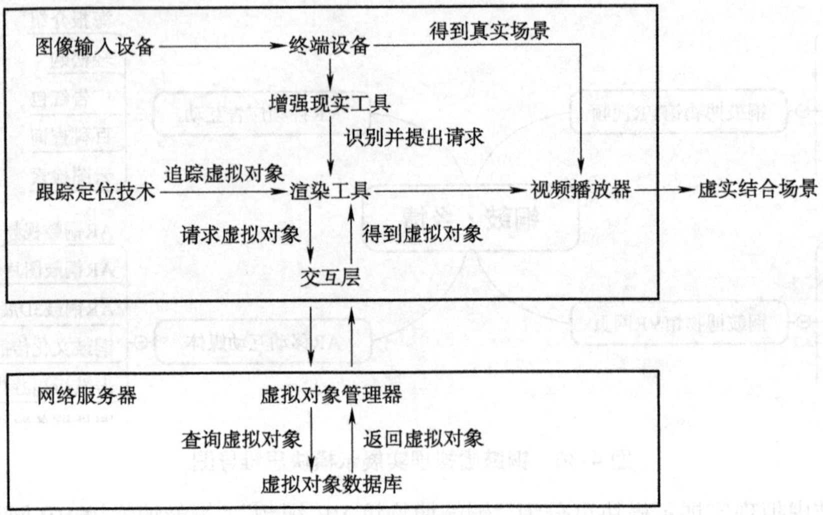

图 4-38　基于终端的 AR 流程设计

参考文献

[1] 蒋廷瑜，廖明君. 铜鼓文化［M］. 杭州：浙江人民出版社，2007.

[2] 谢崇安. 壮侗语族先民青铜文化艺术研究［M］. 北京：民族出版社，2007.

[3] 李昆声，黄德荣. 中国与东南亚的古代铜鼓［M］. 昆明：云南美术出版社，2008.

[4] 蒋廷瑜. 千古传响：铜鼓震四方［M］. 南宁：广西人民出版社，2009.

[5] 吴伟峰，黄启善，谢日万，等. 河池铜鼓［M］. 南宁：广西民族出版社，2009.

[6] 蒋廷瑜. 铜鼓艺术研究［M］. 南宁：广西人民出版社，1988.

[7] 中国古代铜鼓研究会. 中国古代铜鼓［M］. 北京：文物出版社，1988.

[8] 蒋廷瑜. 铜鼓史话［M］. 北京：文物出版社，1982.

[9] 中国古代铜鼓研究会. 古代铜鼓学术讨论会论文集［M］. 北京：文物出版社，1982.

[10] 中国古代铜鼓研究会. 铜鼓和青铜文化的新探索［M］. 南宁：广西民族出版社，1993.

[11] 易盛. 虚拟现实：沉浸于VR梦境［M］. 北京：清华大学出版社，2019.

[12] 徐兆吉. 虚拟现实：开启现实与梦想之门［M］. 北京：人民邮电出版社，2016.

[13] 李婷婷. Unity 3D虚拟现实游戏开发［M］. 北京：清华大学出版社，2017.

[14] 陈康. 大数据存储技术［M］. 北京：人民邮电出版社，2021.

[15] 杨俊. 实战大数据：Hadoop+Spark+Flink：从平台构建到交互式数据分析：离线/实时［M］. 北京：机械工业出版社，2021.

[16] 阿卡拉卡. 大数据分析与算法［M］. 毕冉，译. 北京：机械工业出版社，2018.

[17] 程显毅. 大数据技术导论［M］. 北京：机械工业出版社，2020.

[18] 李建，王芳. 虚拟现实技术基础与应用［M］. 北京：机械工业出版社，2018.

[19] 王志. 大数据技术基础［M］. 武汉：华中科学技术大学出版社，2021.

[20] 蒋廷瑜. 铜鼓［M］. 南宁：广西人民出版社，2018.

[21] 陈洪波，赵腾宇. 西江流域的铜鼓文化［M］. 北京：科学出版社，2019.

[22] 贾朝红，张茹. 铜鼓文化与现代设计［M］. 上海：复旦大学出版社，2016.

[23] 蒋廷瑜. 广西风物图志（第1辑 · 铜鼓）[M]. 北京：社会科学文献出版社，2018.
[24] 覃波，黄振梁. 铜鼓文化与铜鼓演奏 [M]. 长春：东北师范大学出版社，2020.
[25] 万辅彬，韦丹芳. 东南亚铜鼓研究 [M]. 北京：中国科学技术出版社，2018.
[26] 吴才泽. 河池壮族铜鼓习俗 [M]. 南宁：广西人民出版社，2017.
[27] 于璎. 广西铜鼓文化 [M]. 南宁：广西人民出版社，2012.
[28] 贾朝红. 铜鼓文化与现代设计 [M]. 上海：复旦大学出版社，2016.
[29] 万辅彬，蒋廷瑜，韦丹芳. 大器铜鼓：铜鼓文化的发展、传承与保护研究 [M]. 北京：中国科学技术出版社，2013.
[30] 耿国华，张鹏飞，刘雨萌，等. 基于断裂面邻域特征的文物碎片拼接 [J]. 光学精密工程，2021，29，(5)：1169-1179.
[31] 刘丹青. 基于深度学习的唐卡图像修复研究与应用 [D]. 西宁：青海师范大学，2021.